Rupert Read lehrt Philosophie an der University of East Anglia in Norwich, ist Mitglied der britischen Grünen und war mehrfach regionaler Parlamentsabgeordneter und Kandidat für das Europaparlament. Er schreibt für mehrere britische Tageszeitungen, u.a. für »The Guardian« und »The Independant«, und hat Bücher zu Wittgenstein, Kuhn, zur Filmphilosophie, zur Angewandten Philosophie sowie zum Vorsorgeprinzip in der Umwelt- und Gesundheitspolitik veröffentlicht.

Samuel Alexander lehrt Umweltökonomie an der University of Melbourne, ist Co-Direktor des Simplicity Institute und Forscher am Melbourne Sustainable Society Institute. Er zählt zu den weltweit bedeutendsten Nachhaltigkeitsforschern und hat eine Vielzahl an Büchern und Aufsätzen zur Postwachstumsökonomie, Konsumkritik und zu Perspektiven einer nachhaltigeren Gesellschaft und Demokratie publiziert.

Helena Norberg-Hodge ist Linguistin und Umweltaktivistin; für ihre Arbeit im indischen Ladakh erhielt sie 1986 den Alternativen Nobelpreis.

Rupert Read | Samuel Alexander

DIESE ZIVILISATION IST GESCHEITERT

Gespräche über die Klimakrise und die
Chance eines Neuanfangs

Mit einem Nachwort von
Helena Norberg-Hodge

Aus dem Englischen übersetzt von
Marcel Simon-Gadhof

Meiner

Bibliographische Information der Deutschen Nationalbibliothek

Die Deutsche Nationalbibliothek verzeichnet diese Publikation in
der Deutschen Nationalbibliographie; detaillierte bibliographische
Daten sind im Internet über ‹http://portal.dnb.de› abrufbar.

ISBN 978-3-7873-3802-3
ISBN eBook 978-3-7873-3803-0

Die englische Originalausgabe erschien unter dem Titel
*This civilisation is finished. Conversations on the end of Empire –
and what lies beyond.* © 2019 Simplicity Institute, Melbourne.

Umschlagabbildung: pxhere.com/en/photo/879643

Inhalt

Vor uns öffnet sich ein Abgrund, der alles in Frage stellt, was wir über unsere Kultur und über die Natur zu wissen glaubten. Wir müssen hineinblicken und uns auf das konzentrieren, was wir erkennen können.

Paul Kingsnorth

Der Blick in den Abgrund 1

SAMUEL ALEXANDER: Rupert, ich möchte Sie gern zu einem rückhaltlos offenen Dialog einladen. Lassen Sie uns nicht als Wissenschaftler miteinander sprechen, die ihre Theorien verteidigen wollen, nicht als Politiker, die Wahlen gewinnen möchten oder eine politische Agenda verfolgen, und auch nicht als Aktivisten, die für ihr Anliegen kämpfen, sondern als Menschen, die so klar wie möglich ihre Situation und ihr Dasein in dieser krisenhaften historischen Lage zu verstehen versuchen.

Die allermeisten Wissenschaftler, Forscher, Aktivisten und Politiker unterwerfen ihre Arbeit und ihre Gedanken heute einer Selbstzensur, um Ansichten vertreten zu können, die sozial, politisch und auch für sie selbst angenehm sind. Natürlich gibt es manchmal Zeiten, in denen wir pragmatisch und einfühlsam sein und unsere Ideen in leicht verdaulicher Form und an das jeweilige Publikum angepasst kommunizieren müssen. Aber je mehr wir das tun, desto mehr lassen wir uns davon abhalten zu sagen, was uns wirklich durch den Kopf geht; desto weniger sind wir dazu in der Lage, unverschleiert den Stand der Dinge zu reflektieren und unverblümt zu beschreiben, was wir um uns herum zur Kenntnis nehmen. Wenn wir uns nie in einer Atmosphäre zwangloser Offenheit bewegen, kann das darauf hinauslaufen, dass wir selbst nicht mehr so genau wissen, was wir wirklich denken, und uns die Wahrheit sogar selbst vorenthalten.

Einer der ersten Grundsätze intellektueller Redlichkeit ist, sich nicht vor der Wahrheit zu verstecken, wie bedrohlich oder schwierig sie auch sein mag. Wir haben es heute aber mit Wahrheiten zu tun, von denen ich das Gefühl habe, dass viele Menschen sie lieber ignorieren, nicht weil sie sie nicht erkennen oder begreifen, sondern weil sie sie nicht erkennen oder begreifen *wollen*. Wahrheit ist, wie jeder Philosoph weiß, ein umstrittenes Konzept. Vielleicht ist es aber gerade angesichts des zunehmend beschworenen »postfaktischen« Zeitalters angebracht, sich wieder auf diesen nebulösen Begriff zu berufen und ihn nicht unbedingt in der Theorie, aber in der Praxis neu zu bestimmen. Ich lade Sie also – im Sinne praktizierter Aufrichtigkeit – zu einem Gespräch darüber ein, was wir wirklich denken, und zwar so weit wie möglich ungefiltert. Dies erfordert unter Umständen einige Unerschrockenheit, denn, wie Nietzsche sagt, »wenn du lange in einen Abgrund blickst, blickt der Abgrund auch in dich hinein«.[1] Haben wir dazu den Mut? Werden unsere Leserinnen und Leser den Mut aufbringen, diese riskante und ungewisse Reise mit uns zu unternehmen?

Ich habe Sie natürlich nicht zufällig eingeladen. Sie gehören, so scheint es mir, zu den sehr wenigen Denkern, die sich auf den Prozess eingelassen haben, ungefiltert zu sprechen. In Ihren Vorlesungen sprechen Sie über Dinge, die die meisten Wissenschaftler nicht einmal zu denken wagen, geschweige denn laut in der Öffentlichkeit äußern würden. Ich kenne Artikel von Ihnen, in denen eine rückhaltlose Ehrlichkeit zum Ausdruck kommt, von der ich hoffe, dass sie unser Gespräch anregen, vielleicht sogar beflügeln wird. Einer dieser Beiträge, dessen Titel jetzt auch dieses Buch trägt, heißt: »Diese Zivilisation ist gescheitert«.[2] Lassen Sie uns mit dieser gewagten und verstörenden Behauptung beginnen, die ohne Zweifel einiger Erläuterung bedarf. Was meinen Sie, wenn Sie diese Zivilisation für erledigt erklären?

RUPERT READ: Danke Sam. Es ist für mich ein Privileg, einen Dialog über diese entscheidende Frage mit *Ihnen* führen zu dürfen, aus zweierlei Gründen: einmal weil Ihre Arbeiten über Postwachstum und freiwilligen Konsumverzicht einfach die besten sind, die es gibt. Aber ich empfinde unsere Konversation auch überhaupt als wunderbaren Luxus, weil solche Gespräche möglicherweise bereits binnen einer Generation oder auch schon früher etwas sein werden, das wir uns nicht mehr leisten können.

Es ist durchaus möglich, dass wir auf unsere Zeit, auch wenn sie für zahlreiche Menschen (ganz abgesehen von den Tieren) bereits in vielerlei Hinsicht ein Albtraum ist, später als auf eine ganz außerordentlich privilegierte Epoche zurückblicken werden – sofern wir dann überhaupt noch leben. Genau jetzt sind viele Menschen wie Sie und ich auf der Suche nach Wasser und Nahrung und müssen dabei um ihr Leben fürchten. Wir haben daher die Verantwortung, etwas aus den Privilegien zu machen, die wir genießen dürfen.

Was ich gerade zum Ausdruck gebracht habe, werden manche Leserinnen und Leser als Effekthascherei betrachten. Das ist es aber nicht. Es ist einfach ein Versuch, allen gegenüber offen und ehrlich zu sein – Ihre Einladung aufzugreifen und Ihnen mit rückhaltloser Aufrichtigkeit zu begegnen. Naturschützer werden oft der Schwarzmalerei bezichtigt. Das ist meines Erachtens völlig falsch. Tatsächlich neigen fast alle Naturschützer eher zu übermäßigem, unverbesserlichem Optimismus. Man mag mir vielleicht vorwerfen, ich betriebe Angstmacherei oder Alarmismus. Ich bin kein Alarmist; ich *löse den Alarm aus*. Wenn sich Feuer ausbreitet – wie es gegenwärtig, während ich dies schreibe, in Großbritannien und anderen Teilen der Welt der Fall ist, einschließlich der Regenwälder, die unsere planetarische Lunge bilden –, dann tue ich das, was zu tun ist: den Alarm auslösen. Diese zentrale Unterscheidung – zwischen Alarmismus und der gerechtfertigten Auslösung des Alarms – ist exakt die Unterscheidung, die Winston Churchill in den Dreißigerjahren vornahm, unter ähnlich schwierigen (wenn auch genau genommen weniger alarmierenden) Bedingungen.

Das Gefühl der Lähmung, das viele Menschen empfinden, hängt vermutlich damit zusammen, dass sie zwischen falschen Hoffnungen feststecken: auf der einen Seite die trügerischen Verlockungen des Optimismus, die Hoffnung auf eine technologische Lösung, die die Klimakrise entschärft und dafür sorgt, dass das Leben mehr oder weniger so weitergeht wie gewohnt. Das hält uns, glaube ich, in wirklich gefährlicher Weise davon ab, uns mit der Realität des Klimageschehens auseinanderzusetzen. Auf der anderen Seite gibt es dunkle Ängste, die die meisten Menschen nicht aussprechen und mit denen sie sich auch nicht konfrontieren möchten. Meine Botschaft wirkt eher befreiend als paralysierend: Wir befreien uns von der bequemen Position ökologischer Selbstgefälligkeit – von der die meisten von uns tief in ihrem Innern wissen, dass sie auf Illusionen beruht. Wir sind dazu in der Lage, unseren Befürchtungen ins Auge zu blicken. Wir können die Dinge erkennen, die andere nicht erkennen wollen. Und sind in unseren Handlungen schließlich freier von Zwängen.

Eine der Ideen im Werk Ludwig Wittgensteins, das mich nachhaltig beeinflusst hat, ist, dass wirklich schwierige philosophische Probleme nichts mit Klugheit oder intellektuellem Handwerk zu tun haben. Wirklich schwierig ist eher, *gewillt* zu sein, Dinge zu erkennen oder zu verstehen, die man nicht verstehen will. Nach Jahren der Leugnung und der verzweifelten Hoffnung bin ich an einen Punkt gelangt, an dem ich das Verhängnis, das uns mit Sicherheit umgibt, nicht länger abstreiten kann.

Ich bin in den letzten Jahren zu dem Schluss gekommen, dass diese Zivilisation sich im Niedergang befindet. Sie wird nicht fortdauern. Sie kann nicht, denn sie zeigt keine Anzeichen dafür, dass sie die radikale Klimakrise – geschweige denn die umfassende ökologische Krise – als das wahrnimmt, was sie ist: als umfassenden, globalen Notstand, als existentielle Bedrohung. Diese industriell-wachstumsbasierte Zivilisation wird die Pariser Klimaziele nicht erreichen;[3] und das bedeutet, dass wir es sehr wahrscheinlich mit einer Erderwärmung um mindestens drei bis vier Grad Celsius zu tun bekommen werden – und *das* ist nicht mit der Zivilisation vereinbar, die wir kennen.

Es steht sehr, sehr viel auf dem Spiel, denn die Klimakrise gefährdet unsere Zivilisation als Ganze. Mit ›dieser Zivilisation‹ meine ich die hegemoniale Zivilisation des globalisierten Kapitalismus – manchmal auch ›Empire‹ genannt –, die heute den weitaus größten Teil des menschlichen Lebens auf der Erde beherrscht. Nur einige indigene Völker/Gesellschaften und einige kleinbäuerliche Kulturen bewegen sich noch außerhalb (auch wenn die Integration von Tag zu Tag tiefer und umfassender wird). Selbst diese Gesellschaften und Kulturen werden vermutlich vom Empire mitgezogen, wenn es scheitert, wenn die globalen Ökosysteme zusammenbrechen, die für uns alle die Lebensgrundlage bilden. Was ich damit sagen will, ist, dass diese Zivilisation sich transformieren *wird*.[4] Meiner Einschätzung nach liegen drei denkbare Zukunftsszenarien vor uns:

(1) *Diese Zivilisation könnte gänzlich und endgültig zusammenbrechen,* in Folge klimatischer Instabilität (die zum Beispiel zu katastrophalem Nahrungsmangel im Zusammenhang mit dem Kollaps führen würde) oder vielleicht rascher durch einen Nuklearkrieg, Pandemien oder einen Zusammenbruch des Finanzsystems, der einen umfassenden Niedergang des zivilgesellschaftlichen Lebens zur Folge hätte.

(2) *Dieser Zivilisation (uns) gelingt es, den Keim für (eine) zukünftige Nachfolge-Zivilisation(en) zu legen,* wenn sie zusammenbricht. Oder

(3) *Dieser Zivilisation gelingt es irgendwie, sich auf vernünftige Weise, radikal und rasch, in unvorhergesehener Weise und rechtzeitig zu transformieren,* um dem Zusammenbruch zu entgehen.[5]

Das dritte Szenario ist bei weitem am unwahrscheinlichsten, wenn auch das am meisten wünschenswerte, einfach weil die beiden anderen mit Leid und Tod in unvorhersehbarem Ausmaß verbunden sein werden. (1) bedeutet die Auslöschung oder Nahezu-Auslöschung der Menschheit, (2) wäre mindestens mit vielen Millionen Toten verbunden.

Die zweite Möglichkeit im Detail vorherzusehen ist sehr schwierig, sie ist aber, glaube ich inzwischen, ziemlich wahrscheinlich. Einer der Gründe, aus denen ich mit Ihnen dieses Gespräch führen wollte, Sam, ist der, dass wir darüber sprechen können, wie wir uns auf diese Entwicklung vorbereiten sollten. Bisher ist diesbezüglich kriminell wenig geschehen. Praktisch jeder in der erweiterten Umweltbewegung war bisher auf Option (3) fixiert und nicht willens, sich mit irgendetwas Geringerem zu beschäftigen. Ich habe aber das starke Gefühl, dass dieser Standpunkt nicht länger haltbar ist. Erfreulicherweise bin ich damit nicht ganz allein.[6]

Die erste Möglichkeit mag bald so wahrscheinlich sein wie die zweite. Das lässt kaum irgendwelche Fragen offen.[7]

Jedes dieser drei Szenarien bringt eine Transformation solchen Ausmaßes mit sich, dass was danach kommt nicht mehr sinnvoll als *diese* Zivilisation bezeichnet werden kann: Der Wandel wird von dem extremen begrifflichen und existentiellen Ausmaß sein, das Thomas Kuhn, der Philosoph des »Paradigmenwechsels«, »revolutionär« genannt hat. Auf die eine oder andere Weise ist *diese* Zivilisation daher am Ende. Es kann sein, dass es, über der Klippe hängend, noch eine Zeitlang so weitergeht. Aber danach wird sie sich entweder in vollständigem Chaos und in einer Katastrophe auflösen (1); oder aus ihrem sterbenden Körper etwas radikal anderes hervorbringen (2); oder sich irgendwie von der Klippe zurück in Sicherheit bringen (3). Damit *dieses* Wunder gelingt, bedürfte es eines solch außerordentlichen und völlig unerhörten Wandels, dass die Gesellschaft, die sich da in Sicherheit brächte, *nicht mehr im eigentlichen Sinne* diese Zivilisation wäre.[8]

Das ist in Kürze, was ich meine, wenn ich davon spreche, dass diese Zivilisation am Ende ist.

Klimachaos: ein »schwarzer« oder ein »weißer Schwan«?

ALEXANDER: Die Rede von einem »Schwarzer-Schwan-Ereignis« wurde von Nassim Taleb in den kulturtheoretischen Begriffsvorrat eingeführt, um damit völlig unerwartete und höchst unwahrscheinliche Ereignisse zu bezeichnen, die tiefgreifende Konsequenzen nach sich ziehen. Etwas, das zum Ende der Zivilisation, wie wir sie kennen, führt, wäre vermutlich etwas Unerwartetes – ein schwarzer Schwan –, denn sonst hätte man dagegen etwas unternommen. Vermutlich. Sie bezeichnen hingegen den gefährlichen, menschengemachten Klimawandel als einen »weißen Schwan« – worauf wollen Sie hinaus?

READ: Ein Großteil meiner Arbeit in den vergangenen Jahren betraf die Bedeutung sogenannter »determinativer« Ereignisse, die zuerst für unwahrscheinlich gehalten werden, dann aber eine jahrzehntelange Normalität oder den Gang des normalen »Fortschritts« mit einem Schlag außer Kraft setzen. Nehmen Sie zum Beispiel den Fall der Gentechnik; meine Arbeit bewegt sich hier in Übereinstimmung mit Nassim Taleb.[9] Wir argumentieren, dass rein aus Vorsicht starke Argumente gegen den Umgang mit gentechnisch veränderten Organismen sprechen (selbst wenn diese Argumente nicht evidenzbasiert sind), einfach weil Genmanipulationen das Risiko einer Katastrophe mit sich bringen, wenn etwas schiefgeht.

Der Fall des Klimas unterscheidet sich jedoch in grundlegender Weise von dem der Gentechnik. Denn es liegt jenseits allen vernünftigen Zweifels, dass jede Form des Weiter-so uns auf den Weg in die Klimakatastrophe führt.[10] Die Erkenntnisse der Klimawissenschaften sind so zwingend wie die Erkenntnis, dass Tabak krebserregend ist,[11] und deshalb können wir nicht so tun, als *wüssten* wir nicht, dass es Irrsinn ist, einfach so weiterzumachen wie bisher.

Der sich immer mehr verschlimmernde menschengemachte Klimawandel (sich immer mehr verschlimmernd, wenn es nicht zu einem Systemwechsel kommt, zu einer radikalen und schnellen Einstellungsänderung gegenüber unserem lebendigen Planeten) ist daher eigentlich *kein* »Schwarzer-Schwan-Ereignis«. Er ist ein *weißer* Schwan: ein erwartbares Ereignis. Es handelt sich ganz einfach um das, was jeder, der über elementare Einsicht in die Situation verfügt, erwarten sollte. Tragischerweise bedeutet das: Wenn wir nicht etwas Außergewöhnliches tun, sieht die uns vorgegebene Zukunftserwartung aus wie (1) oder im besten Fall wie (2) aus meiner obigen Liste.

Es gibt sicherlich einige bedeutsame graugesprenkelte Federn in dem ansonsten weißen Federkleid. Wir kennen die genaue »Klimasensitivität« des Systems Erde nicht,[12] und wir kennen auch nicht die Wirkung aller Rückkopplungseffekte, noch wie stark sich die meisten auswirken werden. Wir wissen nicht, wie viel Zeit uns noch bleibt.

Entscheidend ist, dass diese Ungewissheiten, richtig verstanden, das Plädoyer für radikal vorbeugendes Handeln zum Klimaschutz eher *unterstreichen*,[13] denn die Ungewissheit versperrt uns beide Wege: Es kann sein, dass das Problem, vor dem man sich geängstigt hat, am Ende doch handhabbarer ausfällt als gedacht; oder es stellt sich als noch schlimmer heraus als erwartet.

Es besteht also eine Asymmetrie, denn wenn in einem Worst-case-Szenario für eine potentiell ruinöse Entwicklung der schlimmste Fall einzutreten droht, muss man sich umso eher dagegen wappnen. Die Möglichkeit, dass die Sache handhabbar bleibt oder sich sogar zum Vorteil entwickelt (etwa wenn der menschengemachte Klimawandel dazu führt, dass man den weltbesten Champagner zukünftig in Großbritannien herstellen kann), wird stets von der Möglichkeit eines deutlich katastrophaleren Szenarios überwogen (etwa mit der fernen, aber nicht ausgeschlossenen Möglichkeit, dass wir bei gleichbleibendem Temperaturanstieg unkontrollierbare Rückkopplungseffekte auslösen – zum Beispiel durch massive Methan-emissionen –, die zur Auslöschung praktisch allen Lebens auf der Erde führen. Die unendlich schlechte Kehrseite einer Sache kann nicht durch ihre Vorteile aufgewogen werden, wie gut diese auch immer sein mögen.

Selbst die grauen Federn im Federkleid des Schwans ändern an der Situation also nichts – außer dass sie unterstreichen, dass wir uns nicht nur einer möglichen Katastrophe gegen-übersehen, sondern dass diese möglicherweise schlimmer ausfallen kann, als unsere Modelle es vorhersagen.[14] Es liegt jenseits vernünftig begründbaren Zweifels, dass wir uns auf eine Klippe zubewegen, vielleicht eine mit einer tieferen Sturz-kante, als es die besten wissenschaftlichen Prognosen gegen-wärtig angeben. Wir müssen dringend das Tempo drosseln. Aber es gibt wenige Anzeichen dafür, dass wir das tun werden.

Der desaströse Klimawandel ist ein Weißer Schwan, und selbst einzelne graue oder schwarze Federn machen nur umso deutlicher, wie stark wir der Katastrophe ausgesetzt sind.[15] Sprich, wir befinden uns in einer langanhaltenden Notlage, die möglicherweise zu einer permanenten Notlage werden wird. Es fühlt sich nur nicht ständig so an, weil der Weiße Schwan nicht dauernd vor unseren Augen mit den Flügeln schlägt – trotz zunehmend extremerer Wetterereignisse, deren dramatischen Weckruf glücklicherweise immer mehr Menschen vernehmen.

In gewissem Maße leugnen wir also praktisch den Klima-wandel. Wir werden von dem Glanz geblendet, der von dieser Zivilisation zwanghaft ausgeht. Eben aus diesem Grund un-terhalten wir beide uns hier gerade: um herauszufinden, ob es noch möglich ist, die Scheuklappen abzulegen. Und um abzu-schätzen, was wir hoffen dürfen und wofür zu arbeiten es sich nach wie vor lohnt, falls es uns nicht gelingt, einen beispiel-losen zivilisatorischen Transformationsprozess auf den Weg zu bringen.

Technologische Verführungen 3

ALEXANDER: Ich habe das Gefühl, dass einer der Hauptgründe dafür, dass die Leute für die von Ihnen beschriebene Situation blind sind, in einer tief verwurzelten Technologiegläubigkeit liegt. Ich bezeichne diesen Glauben als »Techno-Optimismus«, der grob als das Vertrauen definiert werden kann, dass Wissenschaft und Technologie schon die wesentlichen sozialen und ökologischen Probleme unserer Zeit lösen werden, ohne dass es dazu eines grundsätzlichen Umdenkens hinsichtlich der Struktur oder der Ziele unserer wachstumsbasierten Volkswirtschaften oder hinsichtlich der Art unseres wohlhabenden westlichen Lebensstils bedarf.

Das Verführerische an diesem auf technische Lösungen fixierten Ansatz ist, dass er politisch, ökonomisch und gesellschaftlich so überaus angenehm ist. Er gibt Regierungen, der Wirtschaft und jedem Einzelnen von uns die Mittel an die Hand, um auf Umweltprobleme zu reagieren (oder es zumindest so aussehen zu lassen), ohne sich tatsächlich mit den zugrunde liegenden systemischen und kulturellen Problemen auseinanderzusetzen, die die Krise vorantreiben. Macht euch keine Sorgen, lautet die Botschaft, die Technik wird uns vor uns selbst schützen. Das sieht alles sehr nach einem Vogel-Strauß-Verhalten aus. Zu schön, um wahr zu sein, könnte man sagen.

READ: Ja, genau. Der Techno-Optimismus wiegt uns in Sicherheit, und er entpolitisiert und entmoralisiert die Krise. Er bestärkt uns in dem Glauben, dass die Dinge sich uns als Probleme darstellen (viel eher denn als Tragödien oder Mysterien), dass es keine unlösbaren Probleme gibt und dass radikale Politik und Ethik gegenüber der Magie des technisch-industriellen Komplexes ruhig dauerhaft in den Hintergrund treten können.

Ich glaube, dass der Techno-Optimismus teilweise in der Technikbegeisterung begründet liegt: in der Liebe zu technischen Lösungen. Das klingt nach einer unverfänglichen (oder gar positiven) Haltung, die es aber nicht ist, weil es sich um eine irrationale Liebe handelt (so muss man immer mehr annehmen) und eine, die die Liebe zu den Menschen und der Natur ersetzt.

Die tiefste Wurzel sowohl der Technikbegeisterung als auch des Techno-Optimismus liegt im Humanismus begründet. Vielen von uns ist beigebracht worden, dass der Humanismus offensichtlich etwas Gutes ist, die einzige brauchbare Alternative zu religiösem Aberglauben. Es gibt aber eine ganze Reihe von Gründen dafür, dass der Humanismus eben nicht gut ist. Lassen Sie mich das veranschaulichen:

Wenn der Humanismus aller Religion und Spiritualität ein Ende setzt, wird vielleicht gerade das Kind mit dem Bade ausgeschüttet und mit der Abschaffung des alttestamentarischen Gottes auch jede Form von Ehrfurcht und Heiligkeit für obsolet erklärt. Wir riskieren damit, einen riesigen Schritt in Richtung der schönen neuen Welt zu gehen, in der es dann praktisch nur noch Menschen gibt.[16]

Darüber hinaus: Worin besteht der Gegensatz zum »Humanen« im Humanismus? Wenn die Antwort auf diese Frage lautet: Der Gegensatz besteht im nicht-menschlichen Tier, in der Natur, dann entlarvt dies den Humanismus schlicht als eine Haltung, die unberechtigterweise den Vorrang des Menschen gegenüber allen anderen Lebewesen postuliert. Als hätten wir uns, nach der Beseitigung der Götter, selbst zu Göttern erklärt.[17]

Das kann uns nicht überraschen, denn worauf läuft der Humanismus, als Alternative zu den alten Religionen, wirklich hinaus? Auf die Anbetung nicht mehr eines Gottes, sondern von uns selbst. Es ist angesichts unserer Vorgeschichte keineswegs klar, dass wir diese Anbetung auch verdient haben. Wir sollten die Hybris der Selbstüberschätzung unserer Fähigkeiten und unserer Klugheit aufgeben. Es ist höchste Zeit, dass wir zu einer bescheideneren, mehr von Vorsorge geprägten Haltung[18] gegenüber unserem Platz in der natürlichen Ordnung finden.[19]

Natürlich müssen wir uns angemessene Technologien zunutze machen: Passive Solarenergienutzung ist etwa ein wunderbares Beispiel, eine Möglichkeit, in kälteren Gegenden Wohnraum zu schaffen, in dem Heizen ohne jeglichen Brennstoff möglich ist.[20] Aber wir müssen uns dringend von der Illusion des Techno-Optimismus befreien. Wir müssen begreifen, dass viele der grundlegenden Herausforderungen, vor denen wir stehen, nur zu bewältigen sind, wenn wir bereit sind, unsere Lebensweise zu verändern, die Art, wie wir unser Leben einrichten, und ja, auch unsere Wertorientierungen. Der Humanismus schürt weiterhin Techno-Optimismus und Technophilie: Denn indem wir Technik lieben und ihr, die allgemein als unsere größte Errungenschaft angesehen wird, am meisten vertrauen, setzen wir uns stillschweigend selbst den Heiligenschein auf. Technikliebe ist bloß stellvertretende Selbstliebe.

Ich glaube tatsächlich *nicht*, dass Technologien unsere größten »Errungenschaften« sind. Ich glaube, dass der Lorbeer eher den bewährten Gebieten gebührt, auf denen wir unsere gesellschaftlichen Werte prägen: Moral, Philosophie, große Kunst. Technologie sollte uns zu Diensten sein, während Ethik und andere tiefgründige Produkte unserer kollektiven und individuellen Einbildungskraft uns leiten sollten.

Schließlich: Technophile Anmaßungen sind schlicht verantwortungslos in einer Zeit, in der die Zivilisation zu scheitern droht, weil möglicherweise nur ziemlich wenige Technologien ein solches Scheitern überhaupt überstehen würden; und wenn sie versagen, ziehen sie uns unter Umständen noch tiefer in die Misere. Lassen Sie uns später darauf zurückkommen.

Also: Der Humanismus schürt heutzutage einen ungerechtfertigten und rücksichtslosen Techno-Optimismus. Ich würde gern die Aspekte des Humanismus, die nicht damit zusammenhängen, retten (etwa die humanistische Philosophie und Kunst zu ihrer besten Zeit). Aber das geht am besten in Verbindung damit, dass man nicht länger bestreitet, dass wir auch tierische Lebewesen sind, und damit aufhört, uns irreführenderweise von der Natur abzugrenzen, sowie die Arroganz des »Anthropozentrismus« aufgibt. Es ist Zeit, dass wir das Etikett des Humanismus abstreifen.[21]

Geo-Engineering und Vorsorgeprinzip 4

ALEXANDER: Je mehr technische Lösungen zum Scheitern der Menschheit beitragen, desto stärker sehen wir uns, fürchte ich, wiederum nach Technologien zur Lösung dieser (sich nun verschlimmernden) Probleme um. Aber ist das nicht geradezu die Definition von Idiotie? Das ist, als wenn man etwas genau an derselben Stelle sucht, an der man es beim letzten Mal auch nicht gefunden hat; oder als wenn man denselben Lösungsansatz noch einmal verfolgt, obwohl er beim letzten Mal schon nicht funktioniert hat, und trotzdem ein anderes Ergebnis erwartet.

Ein besonders alarmierendes Beispiel in diesem Zusammenhang ist Geo-Engineering. Ich spreche nicht von großräumigen Aufforstungen – die man auch als eine Form von Geo-Engineering (oder ›Klima-Engineering‹) bezeichnen kann und die ich unterstütze. Ich meine Dinge wie das Versprühen von Sulfat-Aerosolen in der Stratosphäre in der Hoffnung, damit einen globalen Abkühlungseffekt zu erzielen, um die durch die Verbrennung von fossilen Treibstoffen erzeugte Erwärmung auszugleichen. Je stärker sich die Klimakrise entwickelt, desto attraktiver erscheinen solche Geo-Engineering-Experimente. Aber vielleicht schüttet man dabei das Kind mit dem Bade aus. Sie haben vorhin das Vorsorgeprinzip erwähnt: Wie würden Sie dieses Prinzip im Zusammenhang mit dem Geo-Engineering zur Anwendung bringen?

READ: Zunächst möchte ich in Frage stellen, dass es sich bei – richtig durchgeführten – Aufforstungsmaßnahmen überhaupt um Geo-Engineering handelt. Nach meinem Verständnis bedeutet Geo-Engineering das (von extremer Hybris geprägte) Projekt, den gesamten Planeten, die gesamte Geosphäre, unter

Kontrolle zu bringen: zu überplanen, ingenieurtechnisch einzugreifen und top-down zu managen. Wenn wir zum Beispiel gewaltige (vielleicht genetisch manipulierte) Wald-Monokulturen aufforsten, die Biomasse dann verbrennen und den entweichenden Kohlenstoff unterirdisch für Hunderte von Jahren speichern, ist das sicherlich ein Fall von Geo-Engineering. Und in der Tat wird genau das gegenwärtig geplant – unter dem Label BECCS, Bioenergie mit CO_2-Abscheidung und -Speicherung. Wenig bekannt und umso erschreckender ist die Tatsache, dass die Pariser Klimaziele genau auf diesem Vorhaben beruhen: BECCS in riesigen Schneisen auf den Planeten auszubreiten. Ich sage ›erschreckend‹, weil es wenig Grund zu der Annahme gibt, dass der Plan aufgeht, nicht einmal im Idealfall.[22] Wir verzocken unser Überleben auf der Erde mit Hilfe von Technologien wie dieser, die es entweder noch gar nicht oder bisher bloß im Laborversuch gibt oder von denen wir aus guten Gründen annehmen müssen, dass sie gefährlich sind, besonders wenn sie im großen Maßstab zur Anwendung kommen.

Wenn man als Reaktion auf die Bedrohung durch den Klimawandel Bäume pflanzen möchte, wäre es viel sinnvoller, wilde Ökosysteme mit großer Biodiversität wiederherzustellen und die ursprünglichen Wälder an den ursprünglichen Standorten wieder anzupflanzen (allerdings unter Berücksichtigung zukünftiger Temperaturveränderungen). Das bedeutet Wiederverwilderung, also eine Bewegung weg von der Top-down-Kontrolle und dem Management von allem und jedem in der Natur. Eher sollten wir nur in die Natur eingreifen, um ihr zu ermöglichen, die Vorherrschaft in den fraglichen Bereichen zurückzugewinnen: die Flüsse wieder ungehindert fließen, den Wald zurückkehren lassen usw. Wir schaffen dann eine Situation, in der wir *weniger* tun müssen, nicht eine, in der wir ständig mehr unter unsere Kontrolle bringen müssen. Wir gewähren der Natur ihre Freiheit.

Das bedeutet nicht, den Planeten managen – ihn manipulieren – zu wollen, sondern das gerade Gegenteil. Es geht darum, unsere Interferenzen mit den natürlichen Systemen zu reduzieren, zum Beispiel, indem man künstlich geschaffenes

Weideland wieder in seinen natürlichen Zustand zurückversetzt. Es bedeutet, den Amazonas-Regenwald – und auch jeden anderen wirklichen Wald, den wir regenerieren können – wieder aufzuforsten und zu stärken, statt ihn zu verkleinern.[23] Es bedeutet, Ökosysteme wiederherzustellen und nicht, wie einige Geo-Engineering-Pläne es vorsehen (zum Beispiel die finanziell gut ausgestatteten BECCS-Vorhaben), noch mehr biodiverse Ökosysteme in fragile Monokulturen zu verwandeln, ›grüne Wüsten‹, die darüber hinaus extrem anfällig für die beispiellosen Flächenbrände sind, die uns die globale Erwärmung in den nächsten ein, zwei Generationen bescheren wird.

Die Wiederherstellung natürlicher Systeme, die Rücknahme unseres Einflusses auf großräumige Prozesse, das macht die grundlegende Logik der Vorsorge aus. Es ist die Logik der ›Via negativa‹: eher weniger tun als immer nur noch mehr; sich darum bemühen, resiliente, nicht-fragile Systeme zu begünstigen; Verlagerung der Beweislast: Wer etwas radikal Neues vorhat, muss belegen können, dass das Vorgeschlagene sicher ist, anders als jetzt, wo wir die Schädlichkeit eines Vorhabens nachweisen müssen. Diese Beweislastumkehr ist besonders entscheidend, wenn es um Geo-Engineering geht: Denn insofern diese Maßnahmen nur im globalen Maßstab sinnvoll angewandt werden können, besteht die reale Gefahr, dass ihre Protagonisten behaupten werden, sie seien harmlos – und wenn sie umgesetzt worden sind, wird es zu spät sein, sie für ihren Leichtsinn zur Verantwortung zu ziehen.

Das Vorsorgeprinzip, wie ich den Begriff verwende, kann entsprechend folgendermaßen verstanden werden: Wo wirklich das Risiko eines ernsthaften bzw. irreversiblen Schadens besteht, darf ein Mangel an hinreichenden Beweisen für eine solche Schadenswirkung nicht als Grund für Ausflüchte beim Schutz vor einem potentiellen Schaden herhalten, und wo der Schaden katastrophische Ausmaße annehmen kann, sollten solche vorsorglichen Abwägungen als unabdingbar und als entscheidend angesehen werden, unabhängig davon, wie angenehm die mutmaßlichen Vorteile der fraglichen Veränderung

sein mögen.[24] In diesem Sinne ist oder sollte das Vorsorgeprinzip zu den eigentlichen Grundlagen der neu entstehenden Weltsicht gehören, die unsere Technophilie und unseren
Techno-Optimismus ersetzen, die sich als ignorant und verantwortungslos erwiesen haben.

Sie haben natürlich recht, Sam, das Geschrei nach Geo-
Engineering wird sich verstärken, wenn sich die Lage des
Weltklimas verschlechtert. Es ist sehr wahrscheinlich, dass
diese Verschlechterung auf Grund der zeitverzögerten Wirkung der Treibhausgase in der Atmosphäre und der Tatsache,
dass die Erwärmung der Ozeane sich über Dekaden hinzieht,
für einen langen Zeitraum anhalten wird, selbst im unwahr-
scheinlichen Fall, dass wir die Kurve kriegen und ernsthaft auf
eine Abschwächung des Klimawandels hinarbeiten. Aber aus
den eben genannten Gründen sollten wir uns von den Rufen
nach Geo-Engineering-Maßnahmen in keiner Weise beeindru-
cken lassen. Das Vorsorgeprinzip ist genau das, was wir jetzt
ernstnehmen müssen, heute mehr als zu jeder anderen Zeit.
Es entzieht der Forderung nach Geo-Engineering den Boden,
denn dabei handelt es sich nur um ein extremes Beispiel für
genau die Denkweise, die uns in die desaströse Lage gebracht
hat, in der wir uns heute befinden.

Darüber hinaus wäre es ausgesprochen verantwortungslos,
unsere Zivilisation in eine Abhängigkeit von solchen Geo-
Engineering-Maßnahmen in hochtechnischer Form zu führen, selbst wenn wir eine Weise entdecken sollten, in der es
›funktioniert‹. Denn sich davon abhängig zu machen, wäre
gleichbedeutend damit, darauf zu spekulieren, dass es uns
gelingt, unsere Hightech-Zivilisation bis in alle Ewigkeit aufrechtzuerhalten. Angesichts dessen, was wir über menschliche
Fehlbarkeit, den Zusammenbruch früherer Gesellschaften etc.
wissen, ist das ein nicht hinnehmbares Wagnis. Da wir – ge-
linde gesagt – nicht sicher sein können, dass wir die nötige
zivilisatorische Transformation bewältigen werden, wäre es
verantwortungslos, sich von irgendeiner Technologie abhängig
zu machen, die ständige menschliche Eingriffe erfordert, wie
es beim Geo-Engineering der Fall wäre.

Aus demselben Grund ist das mit der Atomkraft, einer weiteren Großtechnologie, verbundene Risiko nicht akzeptabel, denn sie produziert Müll, der, auch wenn er für Hunderte von Jahren sorgfältig gelagert wird, in einer Weise und in einem Ausmaß toxische Wirkung entfalten kann, von dem Tschernobyl und Fukushima nur einen schwachen ersten Eindruck vermittelt haben. Man braucht sich nur vorzustellen, was passiert, wenn die Atommülllager und Kernkraftwerke an den Küsten – wo weltweit die meisten errichtet wurden – in den kommenden Jahrzehnten oder Jahrhunderten auf Grund des steigenden Meeresspiegels überflutet werden.

Wenn unsere Zivilisation aus welchem Grund auch immer aus dem Tritt gerät oder scheitert – und es gibt viele mögliche Gründe dafür, das Klima ist ›nur‹ das gegenwärtig drängendste –, wird naheliegenderweise auch unsere Fähigkeit, ein erfolgreich gestartetes Geo-Engineering-Programm fortzuführen, zum selben Zeitpunkt abnehmen oder verschwinden. Und das würde wahrscheinlich zu verheerenden sprunghaften Temperaturanstiegen führen, etwa wenn wir plötzlich alle Maßnahmen zur Strahlungsabschirmung stoppen würden, die uns künstlich vor globaler Überhitzung schützen.[25]

Wir müssen lernen, alles in allem weniger abhängig von komplexen Technologien zu werden. Dieser Lernprozess wird entweder freiwillig geschehen oder wir werden die Konsequenzen zu spüren bekommen, wenn wir unsere technologische Abhängigkeit zu weit in eine Zukunft verlängern, die wir nicht unter Kontrolle haben. Unsere Fantasien von Naturbeherrschung haben uns ja gerade in die missliche Lage gebracht, in der wir uns heute befinden. Das Modell der Unterwerfung der Natur hat sich als katastrophisch erwiesen.

Um in irgendeiner Form zu überleben, muss die Zivilisation von *mehr* Vorsorge bestimmt werden, nicht von weniger.[26] Wenn, wie es leider überaus wahrscheinlich ist, unsere Zivilisation scheitert, werden unsere übrig gebliebenen Nachfahren diese Lektion auf die harte Tour lernen. Es wäre so viel klüger, wenn wir das vor einem Kollaps begreifen würden, nicht erst, wenn es so weit ist.

Soll man mit Klimaleugnern diskutieren?

ALEXANDER: Man könnte damit argumentieren, dass über Geo-Engineering überhaupt nur deshalb diskutiert wird, weil die harte Klimawandelleugnung durch ›Klimaskeptiker‹ in Verbindung mit der ›weichen‹ Variante des gesamten Mainstreams (Leugnung von Ausmaß und Dringlichkeit des Problems) wirklich sinnvolle Maßnahmen bisher verhindert hat. Zu dem Zeitpunkt, als wir dieses Gespräch vorbereiteten, provozierten Sie einen Sturm der Entrüstung in den Sozialen Medien, weil Sie eine Einladung der BBC zurückgewiesen haben, mit einem ›harten‹ Klimaleugner zu diskutieren. Können Sie uns näher mit der Angelegenheit vertraut machen, damit, welche Auswirkungen sie hatte und was Sie zu Ihrer Entscheidung motivierte?

READ: Einer der Hauptgründe dafür, weshalb diese Zivilisation am Ende ist und weshalb ein Zusammenbruch so wahrscheinlich wird, ist das krasse Versagen der Massenmedien dabei, wirklich offen über die erschreckende Abnahme der Biodiversität (d.h. des Lebens auf der Erde) und darüber, dass es sich beim menschengemachten Klimawandel um einen Weißen Schwan und eine tödliche Herausforderung handelt, zu berichten. In meinem Land, in Großbritannien, war die BBC diesbezüglich einer der größten Übeltäter: Es gibt, anders als bei Tageszeitungen, keine Ausrede dafür, nicht über die wahre Situation zu berichten, denn die BBC ist eine öffentliche Rundfunkanstalt und nicht bloß ein Verlautbarungsorgan für mächtige Konzerninteressen. Bis vor kurzem verstand die BBC unter einer ›ausgewogenen‹ Berichterstattung in der Klimafrage Sendungen nach dem Muster »Er sagt dies, sie sagt das«; das bedeutete, dass die Äußerungen von Klimawissenschaftlern und von denen, die ihre Aussagen teilten, schlicht als Debattenbeiträge betrachtet und gleichrangig daneben die engstirnigen, pseudowissenschaftlichen Meinungen der Klimawandelleugner gestellt wurden. Eben bis vor kurzem.

Anfang August 2018 rief mich die BBC an: Sie wollten wissen, ob ich dazu bereit wäre, im Zusammenhang mit der grassierenden Dürre und anderen klimabedingten Ereignissen dieses Jahres in Griechenland, den USA und anderen Ländern über die Realität des menschengemachten, gefährlichen Klimawandels mit einem Leugner zu diskutieren. Normalerweise hätte ich aus Gewohnheit einfach zugesagt. Aber bevor ich meinen Mund öffnen konnte, verspürte ich ein unwohles Gefühl im Bauch: eine instinktive Abneigung – und einen Ruf des Gewissens.

Ich konnte das nicht mehr tun. Ich konnte nicht so tun, als gäbe es mit diesen erbärmlichen und gefährlichen Klimaleugnern irgendetwas zu diskutieren. Ich konnte die Absurdität solcher Debatten angesichts einer Welt, die wortwörtlich in Flammen steht, nicht mehr ertragen. Stattdessen entstand bei mir das dringende Bedürfnis, offen und ehrlich der Wahrheit ins Auge zu blicken, was letztlich der Anlass für unser Gespräch war, Sam.

Also lehnte ich ab. Ich gab meiner Bereitschaft Ausdruck, mich an vielen anderen Debatten zur Klimafrage zu beteiligen – zum Beispiel zu der Frage, ob die Pariser Klimaziele ausreichen oder ob wir uns bereits auf dem Weg in einen außer Kontrolle geratenen Klimawandel und zivilisatorischen Kollaps befinden –, aber nicht mehr an der Farce einer Diskussion mit diesen wirklich gefährlichen Witzbolden, den Klimaleugnern, teilzunehmen.

An diesem Abend beschloss ich, einen entsprechenden Tweet abzusetzen. Vielleicht, dachte ich, findet diese kleine Verweigerungsgeste bei einer Handvoll Leuten einen Widerhall. Ich rechnete mit 30 bis 40 Re-Tweets. Bevor ich ins Bett ging, waren es bereits 1.000. Als ich am nächsten Morgen wieder aufwachte, sah ich, dass der Tweet nun schon 10.000 Mal geteilt worden war. Offenbar hatte ich einen Nerv getroffen.

Ich wurde dann von der landesweiten BBC kontaktiert, weil man sich über alle Einzelheiten der Angelegenheit Klarheit verschaffen wollte. Presseanfragen nicht nur aus Großbritannien, sondern auch aus dem Ausland gingen ein. Die Geschichte wurde sogar vom australischen *Sunday Morning Herald* aufgegriffen. Der *Guardian* bat mich um einen Meinungskommentar, in dem ich detailliert begründen sollte, weshalb wir Debatten mit Klimaleugnern über die Realität des Klimachaos boykottieren sollten und weshalb dies bei den Rundfunksendern eine veränderte Herangehensweise erzwingt. Die Radioabteilung der BBC meldete sich bei mir, entschuldigte sich und wollte sich gern mit mir treffen. Wir besprachen, wie sie es vermeiden könnten, denselben Fehler erneut zu machen; wie sie eine Diskussion über Klimafragen führen könnten, ohne die Klimaleugner zu hofieren (d. h. ohne sie einzubeziehen).

In der Zwischenzeit wuchs der Tweet weiter an. Einige bekannte Persönlichkeiten twitterten zurück, darunter Richard Sambrook, der frühere Nachrichtenchef der BBC, der – wie zahlreiche BBC-Journalisten, die mich privat kontaktierten – mit meinem Aufruf völlig übereinstimmte. Mittlerweile wurde der Tweet von 42.000 Leuten geteilt, von 60.000 gelikt und von über 5 Millionen zur Kenntnis genommen. Das für sich ist außerordentlich ermutigend: Es zeigt, wie wichtig es den Leuten ist, dass die Medien ihre Berichterstattung über ökologische Themen und das Klima verbessern.

Ich fand, dass es an der Zeit war, einen offenen Brief von bedeutenden Politikern, Schriftstellern und Wissenschaftlern zu organisieren, um gemeinsam diesen Standpunkt vorzubringen: dass die Zeit der Debatte mit Klimaleugnern vorbei ist. Der Brief, unterzeichnet von 60 Personen des öffentlichen Lebens, darunter Jonathon Porrit, Peter Tatchell, George Monbiot und Politiker von Labour, Liberaldemokraten und Grünen, sorgte für Aufruhr und wurde landesweit in der Presse abgedruckt.

Bald danach sickerte eine Aktennotiz durch, deren zentrale Aussage war, dass die BBC schließlich akzeptiert hatte, dass ihre Berichterstattung zum Klimawandel »zu oft falsch lag«. Die Mitarbeiter wurden angewiesen: »Sie brauchen keinen

›Klimaleugner‹ einzuladen, um die Diskussion ausgewogen zu gestalten.« Genau *das* stand zur Debatte, als ich von der BBC im August angerufen wurde und ablehnte.

Was ist die Lehre aus der Geschichte? Aktivismus kann funktionieren. Aber wir sollten angesichts dieses Ausgangs die Kirche im Dorf lassen. Was hier erreicht wurde, ist letztlich nur die grundlegende Anerkennung von Realität und wissenschaftlicher Einsicht. Die BBC ist immer noch weit davon entfernt, das Klimathema so ernst zu nehmen, wie sie sollte.[27] Die Stimmen derjenigen von uns, die befürchten, dass die Zivilisation selbst inzwischen zusammenzubrechen droht, sind praktisch nie zu hören. Und hegemoniale Annahmen über ›Wachstum‹, die Kultur des Immermehr usw. untergraben weiterhin radikal alle Aussichten auf wirksame Maßnahmen zur Verhinderung der Klimakatastrophe.

Die Geschichte, die ich erzählt habe, ist offensichtlich ermutigend, besonders weil sie die Hoffnung stärkt, dass sich am Ende ein Weg für kompromisslose Ehrlichkeit in der Klimafrage eröffnen könnte; aber sie ändert nichts an der allgemeinen Diagnose der Notlage, auf der unsere Diskussion beruht. Selbst nach der Verdrängung der ›harten‹ Klimaleugnung bleibt in der Tat die ›weiche‹ Variante, die in der BBC und anderen Medien weiterhin meistens dominiert. Es gibt eine törichte, erzwungene Anstrengung, daran festzuhalten, dass das gewohnte Geschäft im Wesentlichen so weitergehen kann.

Der Gott des Grünen Wachstums hat uns verlassen

ALEXANDER: Eine solche ›weiche‹ Form der Klimawandelleugnung scheint insbesondere in Verbindung mit den vorherrschenden konventionellen Wirtschaftskonzepten allgegenwärtig zu sein, die jetzt sicherlich als überholt angesehen werden sollten. Wir sprachen vorhin über Techno-Optimismus, der vielleicht am einflussreichsten auf dem Feld der Makroökonomie ist. Durch diese Linse betrachtet könnte man Techno-Optimismus als den Glauben daran definieren, dass die Probleme, die das Wirtschaftswachstum verursacht hat, durch mehr ›Wachstum‹ (gemessen am Bruttoinlandsprodukt [BIP]) gelöst werden können, vorausgesetzt, wir lernen, unter Einsatz von Wissenschaft, Technik und besserem Design effizienter zu produzieren und zu konsumieren. Kann es sein, dass das Wirtschaftswachstum die Probleme verursacht und man gleichzeitig annimmt, dass man sie mit eben diesem Wachstum lösen kann? Lässt sich dieses Paradox auflösen? ›Grünes Wachstum‹ wird weithin als die Lösung unserer globalen Probleme propagiert, aber obwohl dieses Ziel verfolgt wird, sehen wir das Gesicht unserer Erde verschwinden.

READ: ›Grünes Wachstum‹ klingt großartig, oder? So wie ›saubere Kohle‹, vielleicht … Aber wir lernen gegenwärtig, dass, wenn etwas zu schön klingt, um wahr zu sein, es dies wahrscheinlich auch ist.

Warum halten wir Wachstum überhaupt für etwas Wertvolles? Weil wir wirtschaftliches Handeln für wertvoll halten, wenigstens *wertvolles* wirtschaftliches Handeln. (Tatsächlich ist vieles von dem, was vom BIP erfasst wird, wertlos oder sogar schlechter als dies, etwa der größte Teil der Spekulationen an den Finanzmärkten; und gleichzeitig bleibt ein großer wertvoller Teil außen vor, etwa der größte Teil der Pflegearbeit.)[28] Aber während Wirtschaftswachstum zu bestimmten historischen Zeitpunkten vielleicht sinnvoll gewesen sein mag – weil der Umfang der Wirtschaftstätigkeit sich leicht in ökologisch verträglichen Grenzen halten ließ und die Grundbedürfnisse einiger Menschen nicht gedeckt wurden –, leben wir überwiegend nicht mehr in einer solchen Welt. Die Welt, in der wir leben, ist eine ›volle‹ Welt. Ihre zentralen Probleme sind die Gier derjenigen, die die Weltwirtschaft unter Kontrolle haben, und die Zerstörung der Ökosysteme. Wir müssen weitaus gleichberechtigter teilen, was wir zur Verfügung haben; aber wir müssen gleichzeitig erkennen, dass die Vorstellung, dass wir riesige oder gar unerschöpfliche materielle Bedürfnisse haben, in sich selbst eine ideologische Annahme ist, die es zu entlarven und zurückzuweisen gilt.

Darüber hinaus gibt dafür auf der Welt zu viele Menschen, als dass diese Welt ungefährdet sein könnte, insbesondere weil eine zunehmende Anzahl dieser Menschen (in Ländern wie Großbritannien und den USA nahezu jeder) überkonsumiert und eine kleine Anzahl dazu auf einem solchen Dekadenzniveau, dass es den Römern die Schamesröte ins Gesicht getrieben hätte. In einer solchen Welt ist noch mehr menschliche Tätigkeit (alles in allem mehr Wirtschaftstätigkeit etc.) *keine gute Idee.*

Erstens weil wir (damit meine ich die meisten Menschen in dieser Zivilisation) zu geschäftig sind (mit Ausnahme der Minderheit, die sich unfreiwilliger Arbeitslosigkeit ausgesetzt sieht, während die meisten von uns überarbeitet und gestresst sind) und zu viel Zeit am Arbeitsplatz verbringen (statt mit Kontemplation oder in der Wildnis oder beim Lieben ...). Wir sollten notwendige Arbeiten intelligenter aufteilen (d. h. gleicher), aber wir sollten uns auch von vielerlei Arbeit einfach lossagen, die überhaupt nicht getan werden muss. Weniger fieberhaft zu arbeiten ist ein Wert *an sich*, ganz unabhängig von den ökologischen Folgen exzessiver menschlicher Tätigkeit. Lasst uns *vernünftiger* tätig sein, und das bedeutet: weniger. Nicht einfach weniger vom Gleichen, sondern weniger und anders. Wir sollten keinen Traumvorstellungen nachjagen, die genau in die Gegenrichtung dieser Erkenntnis weisen. Viele Träume wurden gründlich vom Materialismus, von »Fortschritts«- Mythen usw. durchsetzt. Wahrer Fortschritt wäre allerdings etwas völlig anderes – vielleicht können wir später auf das Thema zurückkommen und überlegen, wie dieser beschaffen sein könnte.

Für den Moment möchte ich mich ausdrücklich auf die ökologische Dimension konzentrieren. Wenn man wirtschaftliches Handeln nicht vergöttert – und dabei die Folgen für die Umwelt überhaupt ausblendet (dies für möglich zu halten, dafür gibt es schlicht keinen Grund) –, dann ist eine wachsende Wirtschaftstätigkeit *prima facie* eine gefährliche Sache, die man nicht auch noch fördern sollte. Wir können in der Ökonomie buchstäblich fast nichts unternehmen, was »null Grenzkosten« verursacht.[29] Selbst ein paar bescheidene einzelne E-Mails erfordern einen geringen, aber realen Energie- und Materialaufwand; werden Millionen davon verschickt, summiert sich dieser Aufwand gewaltig. Daraus folgt, dass ein sich ständig erhöhendes Niveau ökonomischer Aktivität mit einem begrenzten Planeten nicht vereinbar ist. Das bedeutet, dass der Ausdehnung unserer Produktion letztlich Grenzen gesetzt sind, ob einem das gefällt oder nicht. Die Fantasie vom »grünen Wachstum« ist nichts anderes als der alte »Prometheanismus«,[30] nur getarnt; sie unterstellt, dass Menschen nicht mit unüberwindlichen Grenzen konfrontiert sind.

Aber es gibt nicht nur solche Grenzen, wir haben sie bereits *verletzt*; deshalb ist diese Zivilisation am Ende, sie ist über die Klippe gerannt und strampelt mit den Beinen in der Luft wie eine dieser alten Cartoon-Figuren, mit denen wir aufgewachsen sind. Wir können nicht endlos unsere Wirtschaft expandieren lassen und dabei grün bleiben – das ist ein Oxymoron. Wir können den Kuchen nicht größer machen, wenn die Zutaten alle sind und die Küche sich mit Rauch füllt. Real existierende Beispiele für Volkswirtschaften, denen es gelungen ist, ihren

Fußabdruck auf ein global verträgliches Ein-Planet-Niveau[31] zu reduzieren, gibt es nicht. Es ist also eine tatsächliche Verringerung der Wirtschaftstätigkeit vonnöten.[32]

Wie zwei führende Vertreter der Green Economy, Peter Victor und Tim Jackson, gezeigt haben,[33] ist die rasche Verkleinerung des ökologischen Fußabdrucks, die wir bräuchten, um so zu leben, als hätten wir nur einen Planeten, den besten verfügbaren Modellberechnungen zufolge mit *keinem* Netto-Wachstumspfad je zu erreichen. Sofern also die in Aussicht genommene Wirtschaftsentwicklung auf Nettowachstum hinausläuft, ist sie nicht wirklich grün. Wenn vom gesamtwirtschaftlichen Wachstum/vom Bruttoinlandsprodukt behauptet wird, es könne »in grüner Weise« ansteigen, ist das falsch. Während es zum Beispiel richtig ist zu sagen, dass der Erneuerbare-Energien-Sektor wachsen sollte, ist dies nur dann vertretbar, wenn gleichzeitig andere Sektoren (fossile Energiegewinnung, Atomenergie) *schrumpfen*. Das heißt: kein Netto-Wachstum und am Ende (und das heißt jetzt: sehr bald!) – »*degrowth*« (Postwachstum).[34]

Es ist entscheidend, dass wir uns gegenüber dem *growthism*, dem weitverbreiteten Drang, die Wirtschaft ständig weiter »wachsen«[35] zu lassen, zur Wehr setzen. Die fortgesetzte blinde Jagd nach Wachstum ist eine Hürde auf dem Weg zu kollektiver Gesundung, zur Konfrontation mit der Wirklichkeit der begrenzten Ressourcen. Das Wachstumsparadigma macht es unendlich viel *schwerer*, mit der ständigen Verletzung der Grenzen unseres Planeten aufzuhören und uns ruhig und ehrlich der Zukunft zuzuwenden, wie wir es in diesem Gespräch versuchen. Und grüner Wachstumswahn ist bloß ein Teilphänomen des allgemeinen Wachstumswahns.

In einer Ära, in der deutlich wird, dass die sozialen und ökologischen Wachstumsgrenzen durchbrochen worden sind, ist die alles überspannende Frage: Können wir uns mehr Wachstum leisten? Die Antwort ist klar: Nein. Aber der Erkenntnisfortschritt findet diesbezüglich leider im Zeitlupentempo statt. Viel zu langsam, als dass angesichts des engen Zeithorizonts ein hinreichender Wandel zu erwarten wäre. Tragischerweise sieht es so aus, als wenn das Wachstum aufgrund katastrophaler Entwicklungen sein Ende finden wird und nicht aufgrund sachkundiger Entscheidungen.

Ziviler Ungehorsam und *Extinction Rebellion*

7

ALEXANDER: Das ist eine angemessene, wenn auch düstere Diagnose unserer kollektiven Lage, und – wenn ich von der Ökonomie zur Politik übergehen darf – es ruft nach einer grundlegenden Revision der Marx'schen Theorie gesellschaftlicher Veränderung. Während Marx auf eine Zeit vorausblickte, in der das Proletariat sich erheben und den Kapitalismus mit einer Revolution abschaffen würde, scheint es heute wahrscheinlicher, dass der Kapitalismus nicht auf dem Revolutionsweg, sondern durch einen Zusammenbruch zu Fall gebracht werden wird. Und selbst wenn die marxistische Revolution sich vorher ereignen sollte, kommt der Zusammenbruch trotzdem, es sei denn, die Sozialisten machen sich eine Postwachstums-Position zu eigen. Gegenwärtig scheinen die meisten Sozialisten jedoch fest im Wachstums-Paradigma verwurzelt zu sein, genauso wie die Kapitalisten (was, so unglücklich es ist, das geringere Problem ist). Sie werden Edward Abbeys provokative, aber leider sehr treffende Bemerkung kennen, dass »Wachstum um des Wachstums willen die Ideologie der Krebszelle ist«. Ob es sich dabei um kapitalistisches oder sozialistisches Wachstum handelt, der dem zugrundeliegende Krebs ist in jedem Fall fatal, weil er die Biosphäre vertilgt, auf der die Gemeinschaft allen Lebens beruht, die unsere wechselseitige Koexistenz ermöglicht.

READ: Aus diesem Grund bringt Ted Kaczynski, der kompromisslose politische Theoretiker, dessen bekanntester Weg zum Ruhm seine frühere Identität als »Unabomber« war,[36] in seinem *Manifest*[37] das ungemütliche und schwer zu widerlegende Argument, dass der Sozialismus nur die Speerspitze solch desasträser Dogmen wie »Fortschritt« und »Wachstum« sei. Er verleiht ihnen die Möglichkeit, sich einen Anstrich von Respektabilität zu geben.

ALEXANDER: Ja, die umweltzerstörende Wachstumsökonomie entfaltet ihre verhängnisvolle Kraft in linker wie in rechter Gestalt; verhängnisvoll, wie Sie beschrieben haben, für unsere Zivilisation wie für unsere nicht-menschliche Verwandtschaft. Wir sind dabei, Tierwelt und Insektenpopulationen weltweit zu dezimieren. Als wir unser Gespräch vorbereiteten, wurde vom WWF ein Bericht publiziert, der zeigt, in welchem Ausmaß von menschlichen Aktivitäten ökologische Gewalt ausgeht. Nach der Bestandsaufnahme bei 4.000 Arten von Vögeln, Säugetieren, Fischen und Reptilien kommt der WWF-Report zu dem trostlosen Ergebnis, dass die Populationen dieser Säugetierarten seit 1970 im Schnitt um 60 % zurückgegangen sind. Sie werden auch mit der deutschen Studie von 2017 vertraut sein, in der festgestellt wird, dass die Biomasse an Insekten sich in den letzten drei Jahrzehnten alarmierender Weise um 75 % verringert hat. Lassen Sie uns für den Moment näher auf diese erschütternden Zahlen eingehen.

READ: Wenn ich dieser Tage Vorträge halte, bitte ich das Publikum manchmal, gemeinsam mit mir eine Minute lang innezuhalten und über diese wirklich verstörenden, horrenden Tatsachen nachzudenken. Es entsteht dann oft eine außergewöhnliche und sehr tiefe Stille. Wir müssen wirklich begreifen, tief in uns selbst, worauf unsere Zivilisation eigentlich gegründet ist: auf dem Raubbau am größten Teil der natürlichen Welt.

ALEXANDER: Die Rede vom »sechsten großen Artensterben« kennzeichnet die Situation nur unzureichend. Denn keines der vorhergehenden fünf Ereignisse ging auf das Verhalten einer einzigen, angeblich intelligenten Art zurück. Vielleicht am meisten zu denken gibt, dass diese ökologische Verwüstung ein halbes Jahrhundert oder mehr nach der Entstehung der modernen Umweltschutzbewegung stattfindet. Es scheint, dass der Umweltaktivismus heute vereinzelte Schlachten gewonnen hat, aber zweifelsohne den Krieg verliert. Dies veranlasst einen, darüber nachzudenken, ob die Strategien der Bewegung historisch gesehen vielleicht die falschen waren. Brauchen wir einen neuen Umweltaktivismus? Tatsächlich werfe ich diese Frage ja zu einem Zeitpunkt auf, wo in dem Land, in dem Sie leben, in Großbritannien, eine Gruppe entstanden ist, die sich *Extinction Rebellion* nennt, in der Sie sich, glaube ich, stark engagieren und die mit gewaltlosen Aktionen zivilen Ungehorsams an die Öffentlichkeit tritt. Würden Sie uns bitte erläutern, was *Extinction Rebellion* (XR) ist und welche Erfahrungen Sie als Teilnehmer an dieser gesellschaftlichen Aufstandsbewegung gemacht haben?

READ: Eines der wundervollen Dinge bei XR ist, dass es sich um eine Bewegung handelt, die dem »tödlichen Griff« des Humanismus zu entkommen versucht. Der Anthropozentrismus war einfach zu lange hegemonial. Bei XR konzentrieren wir uns in erster Linie auf den Klimazusammenbruch, der die drängendste existentielle Bedrohung für die weltweiten Ökosysteme ist, aber wir richten unsere Aufmerksamkeit auch auf die dumme, kriminelle und herzlose Vernichtung der Biodiversität, die eine Katastrophe für uns, für die Umwelt, aber natürlich in erster Linie für die betroffenen Tier- und Pflanzenarten darstellt, die dabei umkommen. Der Begriff »Auslöschung« in unserem Namen bezieht sich unter anderem auf Menschen, aber keineswegs nur, sondern auch auf alle anderen Lebewesen, die wir in extremem Maße der Gefahr der Vernichtung aussetzen. Unsere Rebellion richtet sich gegen *deren* Auslöschung, nicht allein gegen unsere!

Wenn ich mir vor Augen führe, dass allein in meiner Lebenszeit mehr als die Hälfte des natürlichen Lebens auf der Erde vernichtet worden ist, erfüllt mich das mit großem Entsetzen und ich empfinde tiefe Scham. Wenn man sich das wirklich klarmacht, dann kann man, glaube ich, in diesem System nicht einfach so geruhsam weiterleben wie bisher. Man hat eigentlich keine Alternative, als sich dagegen aufzulehnen.

Das ist ein Grund, weswegen ich, sobald ich von der Gründung von XR erfuhr, die Begründer ausfindig machte und mich der Bewegung engagiert anschloss. Das anfängliche Wachstum von XR und ihre Erfolge bestärken mich gegenwärtig am meisten in dem Glauben, dass eine Transformation der Zivilisation noch möglich und dass ein unkontrollierter Zusammenbruch (statt eines »kontrollierten Abbruchs« und Ersatzes) dieser Zivilisation noch nicht ganz unvermeidbar ist. (Ein anderes Beispiel ist die Klimastreik-Bewegung der Kinder, die von Greta Thunberg inspiriert wurde, die ich das große Privileg hatte ankündigen zu dürfen, als sie auf der Bühne der ersten XR-Veranstaltung auf dem Parliament Square in London am 31. Oktober 2018 sprach.)

Die Forderungen von *Extinction Rebellion* sind »unerfüllbar«. Sie sind schlicht nicht einmal vereinbar mit einer reformierten Form von Politik und Wirtschaft, wie wir es gewohnt sind. Sie lassen sich nur umsetzen, wenn wir einen revolutionären Transformationsprozess unserer gesamten Lebensweise in Gang setzen. Das wird sehr deutlich an der Forderung, dass Großbritannien bis 2025 CO_2-neutral werden solle. Damit wäre/wird eine drastische Abnahme des Energieverbrauchs verbunden sein, und zwar nicht »nur« in dem Rahmen, wie es richtigerweise die *Transition-Towns*-Bewegung im Sinn hat. Wenn mein Land innerhalb von sechs Jahren seine CO_2-Bilanz auf Null bringen soll, erfordert dies ganz einfach den Ausstieg aus den meisten von fossilen Energieträgern abhängigen Tätigkeiten innerhalb dieses Zeitabschnitts – und nicht den gleichwertigen Ersatz durch regenerative Alternativen, das ist nicht möglich.[38]

Um es konkret zu machen: Diese Vorgabe bedeutet, dass viele unserer fossil betriebenen Kraftwerke schlicht stillgelegt und viele Autos und Lastwagen eingemottet (und nicht durch blitzblanke, »grüne« Elektroautos oder was auch immer ersetzt) werden müssen. Um Klimasicherheit zu erlangen, sind genau diese Maßnahmen jetzt notwendig: Die Zielsetzungen des Weltklimarats, auch nicht das 1,5-Grad-Programm,[39] können diese Sicherheit nicht gewährleisten, und »entwickelte«

Länder wie Großbritannien müssen auf dem Weg weg von der fossilen Droge die Führung übernehmen, indem sie selbst clean werden. Das ist fast, aber nicht ganz unvorstellbar: Es bleibt unvorstellbar, solange wir nicht bereit sind, uns auf eine neue »Vorstellungswelt« einzulassen.

Das ist also nur denkbar, wenn wir einen Bewusstseinswandel erreichen; wenn *viele* von uns sich trauen, ihrem Herzen zu folgen, sich eine andere Zivilisation vorzustellen und sich dafür auch rasch einzusetzen, eine, die auf Vorsorge beruht und das endlose Streben nach »mehr« aufgibt.

Wir müssen dem Klimanotstand und der Bedrohung durch das Artensterben in der Natur ins Auge sehen, und zwar entschlossen. Ehrlichkeit und Ernsthaftigkeit – und vielleicht das Bemühen, die Zukunft zu retten – erfordern genau die Art von »revolutionären« Zielen, wie XR sie vertritt, und eben auch die »revolutionären« Mittel, die XR postuliert, um diese Ziele zu erreichen.

Die Hoffnung, die uns bleibt, nachdem wir eingesehen haben, dass reformistische Versuche gescheitert sind und dass wir uns auf einem Weißer-Schwan-Entwicklungspfad auf den Kollaps zubewegen – und wenn wir irgendeine Chance auf eine zivilisatorische Transformation haben sollen –, liegt darin, dass wir angesichts dieser düsteren Klimarealität den Mut finden, entsprechend zu handeln; dass wir genug tun, um unsere Gesellschaft und uns selbst umzugestalten und an das sich wandelnde Klima und die mögliche Katastrophe anzupassen, die auf künftige Generationen unvermeidlich zukommt. Wenn wir uns dem Übel, das die Menschheit ausgelöst hat, tatsächlich zuwenden, können wir uns dagegen aufbäumen, um uns damit auseinanderzusetzen und es zu überwinden. Darin besteht die geistige, ökologische und politische Hoffnung. Unser Geist muss im gleichen Maße stark sein, wie die Realität fatal ist. Wenn unser Bewusstseinszustand mit dem Zustand der Welt Schritt hält, dann sind wir in gewissem Sinne *bereit* dazu, die Dinge gerade zu rücken, egal, wie schlimm sie sich entwickelt haben. Die Katastrophe, die wir entfesselt haben, entfesselt dann umgekehrt *uns*: die rettende Kraft.

Wird XR Erfolg haben? Ihre Aufgabe ist wesentlich schwieriger als die ihrer Vorgänger, mit denen sie verglichen wird, etwa die Bürgerrechtsbewegung. Denn sie stellt unsere gesamte Lebensweise in Frage. Sie verlangt von uns die Bereitschaft, »ärmer« zu werden – im materiellen Sinne. Aber wir werden reicher hinsichtlich unseres sozialen Lebens, unseres spirituellen Lebens, unseres Zugangs zur Natur und zur Wildnis. Und natürlich werden wir auch materiell reicher sein, im Vergleich damit, wenn wir den gegenwärtigen Weg weitergehen – denn dieser führt in den Zusammenbruch. In einer verschwundenen Zivilisation gibt es auch keine Jobs mehr.

Es wäre ziemlich mutig, auf den Sieg von XR zu setzen. Aber je mehr von uns dazu bereit sind, Teil einer solchen Bewegung zu werden, desto wahrscheinlicher wird natürlich ein solch unwahrscheinlicher Sieg. Wenn wir scheitern, haben wir es wenigstens versucht. Was wirklich nicht hinzunehmen und geradezu so beschämend wäre, dass man damit sein alltägliches Leben kaum in Einklang bringen könnte, wäre, dass wir, wenn die Welt, sagen wir: 2030 in einen unkontrollierten Klimawandel kippt oder die Ökosysteme irreparabel zusammenbrechen, unseren Kindern nicht ins Gesicht sehen und ihnen nicht wenigstens sagen könnten, dass wir wirklich alles getan haben, um ihre Zukunft zu retten.

Wir müssen es mit allem, was wir haben, wagen. Wir müssen es versuchen – ohne Vorbehalte.

Politik und Spiritualität

8

ALEXANDER: Es ist ein ziemlich riskantes Unterfangen, über »spirituelle Dinge« zu sprechen, besonders unter grün gesinnten Menschen, von denen viele heutzutage zu einem radikalen Säkularismus tendieren. Was verstehen Sie unter »spirituell«, wenn Sie davon sprechen, dass wir »reicher hinsichtlich des spirituellen Lebens« sein werden?

READ: Es erscheint mir offensichtlich, dass unsere umfassende zivilisatorische Krise nicht nur eine politisch-ökonomische, sondern auch eine psychologische, philosophische, ethische und, ja, spirituelle Krise ist. Ich will damit keinen faulen Zauber heraufbeschwören – die Zeit ist gekommen, in der eine (unter anderem) ökologische Wissenschaft Vorrang haben sollte. Was ich meine, ist, dass die Krise wirklich den Kern unseres Daseins berührt und eine Antwort erfordert, die nicht nur auf geistige Tätigkeit, praktisches Handeln oder die wissenschaftliche Weltsicht begrenzt bleibt. Angesichts der Dringlichkeit der Aufgabe sind wir aufgefordert, das Tempo herauszunehmen und uns gedanklich in die Tiefe zu begeben. Wir sollten die Schönheit und den Frieden in jedem Augenblick genießen – denn wir wissen nicht, wie viel Zeit uns noch bleibt, und sollten ihn genießen, solange er anhält. Dies gilt für menschliche Lebewesen zu jeder Zeit, wie alle großen Weisheitstraditionen gelehrt haben; aber um wie viel mehr in einer Zeit, in der der bloße Fortbestand menschlicher Existenz tragischerweise nicht mehr als gesichert angenommen werden kann. Wir sind aufgefordert, in den heutigen Übergangszeiten *Präsenz zu zeigen* und uns mit der Realität voll zu konfrontieren, wie jemand, der gewissenhaft Meditation betreibt. Wenn ich über Spiritualität spreche, meine ich einfach die Bereitschaft, in Betracht zu ziehen, dass die Art von »mystischer« Verbundenheit und Ganzheit, die manche Leute in der Meditation finden (oder durch den Aufenthalt in der wilden Natur oder über ein Gebet oder indem sie Teil einer Verwandtschaft oder Bezugsgruppe sind oder auf vielen anderen Wegen), nicht durch die Ergebnisse reduktionistischer neurowissenschaftlicher Forschung abgedeckt wird.

Solche Einsicht ist in der Krise, in der wir uns befinden, von höchster Bedeutung, um unsrer selbst willen und aufgrund der Kraft, die sie entfesseln kann. Wenn wir gemeinsam anerkennen, wie überaus anfällig wir heutzutage für Selbstzerstörung sind, sind wir *aus genau diesem Grund* offener dafür als jemals zuvor, das Leben in all seiner Einfachheit und Komplexität zu lieben. Wenn man sich unsere eigene Verletzlichkeit und die der lebendigen Welt um uns herum wirklich bewusst macht, wird man überhaupt erst zugänglich für ihre Schönheit, als wäre es das erste Mal. Das ist sowohl an sich ein wunderbares Geschenk (wir können tiefere Freude empfinden als jemals zuvor, selbst wenn – falls wir scheitern – es eine flüchtige Empfindung sein sollte) als auch ein potentiell mächtiger Zugang zu unserer Kraft als Aufständische. Denn wenn wir die Schönheit der Menschheit und des Planeten Erde (»Gaia«) auf angemessene Weise erstmals wirklich sehen und erkennen, haben wir keine Wahl: Wir müssen uns erheben und ihn auf angemessene Weise verteidigen (zum ersten Mal …).

Es gibt noch einen weiteren Vorteil, der einem erwächst, wenn man den Schwerpunkt auf die letztlich weitaus größere Bedeutung des Strebens nach Weisheit und ein – engagiertes, aktives, ernsthaftes – geistiges Leben legt, verglichen mit einem Leben, das von materieller Befriedigung bestimmt ist. Wenn wir die Vorzüge von spirituellem gegenüber materiellem Reichtum erfahren, sind wir eher motiviert, unseren ökologischen Fußabdruck zu verringern. Wir befinden uns an einem historischen Punkt, an dem es einen gewaltigen kollektiven Nutzen stiften würde, wenn wir unsere Schätze lieber in unserem Herzen aufbewahren würden, als sie an der Börse zu handeln.

ALEXANDER: Sie sprachen vorhin davon, dass der anthropozentrische Humanismus als Versuch aufgefasst werden kann, die Religion, wie sie uns historisch überliefert ist, durch eine Art von Selbstvergötterung zu ersetzen, einen Narzissmus der Menschheit. Das sei zum Teil gefährlich, weil damit wertvolle Bestandteile der Religion(en) verloren gehen könnten. Jetzt arbeiten Sie deutlich einen Ort für Spiritualität heraus. Aber was ist mit der Religion? Was mit dem religiösen *Glauben*? Sollte dieser in der imaginierten Alternative zu unserer gescheiterten Zivilisation und zur imperialistischen Lebensweise ebenfalls einen Platz bekommen?

READ: Das ist beinahe sicher – aber lassen Sie mich meine Aussage genauer fassen. Ich gehe davon aus, dass wir die Entstehung einer Art von erd- oder naturbezogenem Pantheismus erleben werden, wenn Menschen angesichts des Zerfalls dieser Zivilisation zu realisieren beginnen, wie gefährlich es ist, wenn man außer unserem modernen Selbst (und unseren Maschinen?) nichts als heilig betrachtet.[40] Manche Forscher gehen weiter und behaupten, dass eine Form des Animismus, wie er heute nicht nur unter indigenen Völkern, sondern erheblich weiter verbreitet ist, tatsächlich vor der Rückkehr steht.[41] Aber schauen Sie, wir sollten diesbezüglich offen und tolerant sein; wir sollten nicht Gefahr laufen, irgendwelche sektiererischen Kämpfe vom Zaun zu brechen oder uns in Spekulationen zu verlieren. Sie und ich, wir brauchen uns nicht zwischen dem Pantheismus (wobei ich dessen Tugenden weiterempfehlen würde) und dem Animismus oder irgendetwas anderem zu entscheiden. Es wäre ein Fehler, den Glauben als etwas auf Spiritualität oder Religion Beschränktes anzusehen. Der Begriff des Glaubens kann und sollte in dieser Diskussion eine Schlüsselrolle spielen, entweder in einer spirituellen oder in einer säkularen[42] Variante der Art von intellektueller Bewegung, wie sie William James mit seinem Begriff des »Willens zum Glauben« vorschlägt.[43]

James behauptet, dass, wenn es zur Hingabe gegenüber Dingen von höchster Bedeutung kommt, es keine Frage ist, ob man an sie im strikten Sinne »evidenz-basierter« herangeht. Es gibt Dinge, die im Grunde »jenseits« des Beweisbaren liegen oder bei denen die Beweisbarkeit letztlich unkalkulierbar ist. Bei manchen Dingen kann unsere Handlungsfähigkeit, unsere Willenskraft, *selbst* der entscheidende Faktor sein. Die Aussage zum Beispiel, dass es sehr unwahrscheinlich ist, dass sich diese Zivilisation zum Besseren entwickeln und überleben wird, ist in gewissem Sinn notwendigerweise irreführend; denn *es hängt von uns ab.* Aussagen über Wahrscheinlichkeiten treffen strenggenommen nicht zu; denn wir können durch bloße Beobachtung oder durch ein wissenschaftliches Experiment nicht herausfinden, was sich ereignen wird. Das können wir nur, indem wir es oder etwas tun, indem wir leben, handeln. Man ist kein bloßer Beobachter gegenüber der Entwicklung. Man ist ein Teil dessen. Je mehr Menschen sich *Extinction Rebellion* oder der Klimastreik-Bewegung anschließen und (vielleicht) je mehr Menschen dieses Buch lesen und entsprechend handeln, desto größer wird die Hoffnung, dass wir das Steuer noch herumreißen.

Das ist ermutigend, denn es bedeutet: Wie schlecht auch immer die Chancen gegen uns stehen, solange es *in uns* noch Hoffnung gibt, ist wirklich noch Hoffnung da. Im Grunde gibt es so etwas wie *Wahrscheinlichkeit* überhaupt nicht; wir agieren unter sehr realen biologischen und physikalischen Randbedingungen, die wir furchtbarerweise nicht erkannt, geschweige denn anerkannt haben, aber sie verdammen uns nicht zum Untergang, vorausgesetzt, es bleibt noch ein wenig Handlungsspielraum.

Wir brauchen also ein gewisses Vertrauen in uns selbst,[44] um an uns glauben zu können, an unsere Wirkmöglichkeiten, trotz unserer ziemlich furchtbaren Bestandsaufnahme. Es wäre fatal, wenn das Augenmerk auf diese Analyse und eine realistische Einschätzung dessen, dass wir gegenwärtig schlechte Karten haben, dazu führten, dass dieser Glaube sich auflöst. Wir müssen zuversichtlich sein, dass eine Kursänderung wirklich im Reich des Möglichen bleibt.

Wenn wir als gegeben hinnehmen, dass wir dem Untergang geweiht sind, dann sind wir es definitiv auch. Wenn wir daran glauben, dass ein Wandel möglich bleibt und dass jegliches Katastrophengeschehen besser oder schlechter verläuft, je nachdem, woran wir glauben, für welche Handlungen wir uns entscheiden und wie wir darauf vorbereitet sind, dann wird ein solcher Glaube in gewissem Maße wenigstens gerechtfertigt sein.

Das macht diese Entscheidung übersichtlich und nahezu einfach.

Die Lösung des Armutsproblems: »Entwicklung« oder Post-Entwicklung?

ALEXANDER: In Ihren vorhergehenden Antworten haben Sie den Gegensatz zwischen geistigem und materiellem Reichtum und die Notwendigkeit einer Art gemeinsam geteilter, freiwilliger Armut und freiwilliger Genügsamkeit angesprochen, wie auch XR sie vertritt. Dies gibt mir Anlass, zu einer Ihrer früheren Bemerkungen zurückzukehren und etwas näher darauf einzugehen, weil sie einen kritischen Punkt berührt. Es geht hier um Armut und den Wunsch danach, in einer Welt zu leben, in der die grundlegenden Versorgungsbedürfnisse der Menschheit überall und sicher befriedigt werden, und zwar in einer Weise, die mit den ökologischen Grenzen im Einklang steht. Sie scheinen die Vorstellung, dass historisch gesehen der Grundbedarf der meisten Menschen nicht abgedeckt war, in Zweifel zu ziehen. Ich bedränge Sie mit dieser These ein bisschen, um Ihre Position besser zu verstehen.

READ: Ich glaube nicht, dass es stimmt, dass historisch gesehen die grundlegenden Versorgungsbedürfnisse der meisten Menschen nicht befriedigt waren. Zumindest gilt das sicherlich nicht für *prä*historische Zeiten; das Blatt hat sich gewendet, und zwar zum Schlechteren, nach der neolithischen Revolution, aber selbst dann haben viele Bauern noch perfekt angepasste Lebensweisen entwickelt, die den Planeten wenig belasteten, vorausgesetzt, sie wurden nicht brutal von ihren Lehnsherren ausgebeutet.

ALEXANDER: Nach meiner Lesart der historischen Gegebenheiten ist es sicherlich richtig, dass es Formen der Subsistenzwirtschaft bei den Bauern- und Jäger-und-Sammler-Kulturen überall auf der Welt gab, die ihre grundlegenden Bedürfnisse einfach und relativ gesichert befriedigt haben und bei denen das Etikett »Armut« nicht angebracht sein mag, obwohl ihr materieller Lebensstandard, verglichen mit dem der heutigen Überflussgesellschaften, extrem niedrig war. Gleichwohl, denke ich, bleibt es richtig, dass im Laufe der Geschichte auch bedeutende Teile der Weltbevölkerung ihr Leben in Unsicherheit und Armut verbracht haben – ein Leben, das man nur als armselig, von Not geplagt und als völlig unvereinbar mit einer angemessenen und würdevollen menschlichen Existenz beschreiben kann. Ich will nicht die Gegenwart glorifizieren, aber ich wäre vorsichtig damit, die Vergangenheit pauschal zu romantisieren.

READ: Natürlich muss man eine Romantisierung vermeiden,[45] aber wir müssen uns auch vor der heutzutage massiven Tendenz hüten, anzunehmen, dass wir einheitlich von der Vergangenheit »fortgeschritten« seien und dass die Vergangenheit, verglichen mit heute, immer entbehrungsreich gewesen sei (zumindest im Vergleich zu dem, was Leute wie Sie und ich heute erleben). Ich bin sehr skeptisch gegenüber der Geschichte vom »Fortschritt« geworden, die wir uns gegenseitig erzählen. Mich haben Wittgenstein, David Ehrenfeld, John Gray, Ronald Wright und Helena Norberg-Hodge – ebenso wie manches indigene Denken – in meiner Auffassung beeinflusst, dass die Vorstellung, wir hätten Fortschritte gemacht, in entscheidender Hinsicht eigentlich eine Wahnidee ist.

Ich will nämlich behaupten, dass während des größten Teils der Menschheitsgeschichte, insbesondere in der Zeit vor der neolithischen Revolution (man muss im Kopf behalten, dass die Epoche seit Beginn der Landwirtschaft nur einen winzigen Bruchteil der Geschichte unserer Spezies ausmacht), die meisten Menschen ein ziemlich leichtes und gutes Leben gelebt haben. Es ist wahrscheinlich nur richtig, dass während der *historischen* Zeit, also der Zeit, von der wir Aufzeichnungen haben, »bedeutende Teile der Weltbevölkerung ihr Leben in Unsicherheit und Armut verbracht haben«, wie Sie behaupten.

Jäger-und-Sammler-Kulturen (oder vielleicht besser Sammler-und-Jäger-, denn in vielen Fällen scheinen die Menschen ihre Nährstoffe hauptsächlich durch das Sammeln zusammenbekommen zu haben) waren, wie Marshall Sahlins gesagt hat, im wahrsten Sinne die ursprünglichen Wohlstandsgesellschaften und sogar die ursprünglichen Freizeitgesellschaften.[46] Weil sie nicht in großem Umfang Zeit in den Nahrungsanbau investieren mussten, führ(t)en sie tendenziell ein gutes Leben (»*buen vivir*«![47]) und blieben auf natürliche Art fit, während sie jede Menge Zeit hatten, am Lagerfeuer zu sitzen.

Rufe ich dazu auf, zu einem solchen Leben zurückzukehren? Nein, natürlich nicht; und es ist ohnehin unmöglich, es gibt von uns einfach zu viele. Aber ich schlage vor, in bescheidener Weise von ihnen und (das ist wichtig) von den verbliebenen indigenen Völkern, insbesondere von Jäger-und-Sammler-Kulturen, den »Erdbewahrern«, wie sie manchmal genannt werden, zu lernen.

ALEXANDER: Okay, aber es scheint mir auf der Welt heute – trotz einiger Jahrhunderte kapitalistischer »Entwicklung« – buchstäblich Milliarden Menschen zu geben, die nach jedem humanen Maßstab unterkonsumieren. Dazu gehören jene, die in erschreckendem Maße von Unterernährung gezeichnet sind und die buchstäblich vor dem Verhungern stehen – nach einigen Schätzungen sprechen wir hier von 800 Millionen Menschen, in Ländern wie Äthiopien, Haiti und dem Kongo. Aber dazu gehören auch Milliarden anderer, die keinen Zugang zu einer gesicherten Trinkwasserversorgung und zu sanitären Anlagen haben und deren Leben erheblich verbessert werden könnte, wenn ihr materieller Lebensstandard durch sicheren Zugang zu gesunden Lebensmitteln in ausreichender Menge, bessere Werkzeuge, eine Basismedizin und sichere Kochgelegenheiten höher wäre.

Die Tatsache, dass es in der Geschichte materiell auskömmliche Subsistenzwirtschaften gab, darf nicht dazu herangezogen werden, davon abzulenken, dass der Kapitalismus diese Lebensweisen zerstört und echte, ganz unromantische Armut zurücklässt. Jason Hickel ist eine Autorität auf dem Gebiet der globalen Armutsforschung: Nach seiner Rechnung gibt es weltweit vier Milliarden Menschen, deren materieller Lebensstandard so niedrig ist, dass sie keinen ausreichenden Zugang zu Grundnahrungsmitteln und keine normale Lebenserwartung haben. Das ist ein harter Schlag für das Narrativ von den »guten Nachrichten« über die kapitalistische Entwicklung, wie sie die Weltbank, der IWF und prominente Fortschrittsverteidiger wie Steven Pinker verbreiten.

Für mich stellt es sich so dar, dass es weltweit im wahrsten Sinne des Wortes Milliarden Menschen gibt, deren materieller Lebensstandard so niedrig und von Unsicherheit geprägt ist, dass eine Anhebung dazu beitragen würde, die Vision einer Zivilisation zu erreichen, in der jeder »genug« hat, um ein angemessenes und würdevolles Leben zu leben. Natürlich, »Entwicklung«, wie wir sie heute kennen, ist nicht der richtige Weg zur Lösung des Armutsproblems und tatsächlich wohl häufiger der Grund für die (Re-)Produktion von Armut. Auch wäre es katastrophal, wenn man den Globalen Süden zu einem Globalen Norden machen würde, besonders in ökologischer Hinsicht. Ich sympathisiere weitaus mehr mit der Post-Development-Denkschule, die lokal ausgerichtete Suffizienz-Ökonomien favorisiert, die sich kulturell und vom Kontext abhängig spezifisch entwickeln; aber der Punkt bleibt: Die Lösung des Armutsproblems und das Erreichen von »Suffizienz« für alle kann durchaus insgesamt wachsende Ansprüche an die überlasteten planetarischen Ökosysteme mit sich bringen, was ein weiteres zwingendes Argument dafür liefert, dass die reichsten Nationen ihr Streben nach einer ständigen Erhöhung des materiellen Lebensstandards mittels Wirtschaftswachstum zugunsten eines Degrowth-Prozesses geplanter wirtschaftlicher Schrumpfung aufgeben müssen.

Vielleicht können Sie im Weiteren Ihre Position zur Armutsfrage darlegen und erläutern, wie sie Ihrer Ansicht nach in einer Postwachstums-Welt gelöst werden kann.

READ: In vielen Punkten stimme ich mit Ihnen aus ganzem Herzen überein. Insbesondere glaube ich, dass Pinkers Erzählung vom angeblichen »Rückgang der Gewalt« eine Illusion und eine Schande ist, und ich bin froh, dass die großen Mängel seiner Theorie von Ed Herman, Nassim Taleb und anderen anschaulich nachgewiesen worden sind.

Nun, in gewisser Weise würde ich sehr gern völlig mit Ihnen übereinstimmen. Es wäre wunderbar bequem, wenn wir uns eine vom Postwachstum geprägte, egalitäre Zukunft vorstellen könnten, in der »Schrumpfung und Annäherung« weltweit stattgefunden haben und jeder über so etwas wie das, was unsere Gesellschaft als ausreichend betrachtet, verfügt.

Aber dabei gibt es zwei zentrale und niederschmetternde Probleme, und das führt mich ganz an den Anfang unseres Gesprächs zurück, als Sie mich dazu einluden, schonungslos ehrlich zu sprechen, unabhängig davon, zu welchen Ergebnissen das führt. Erstens, wie wir bereits besprochen haben, bin ich davon überzeugt, dass wir vor einem Scheitern unserer Zivilisation stehen, was einen solchen Traum rasch ins Reich der Fantasie verweisen wird. Und tragischerweise kommt dieses Ende viel wahrscheinlicher durch einen Zusammenbruch als auf dem Weg einer friedlichen Transformation in etwas ganz anderes als das, was wir haben und von dem ausgegangen werden könnte. Es besteht die Gefahr, dass wir, wenn wir der »Entwicklung« der sogenannten »entwickelten« Welt weiter Vorschub leisten – und der Gebrauch von Begriffen wie »Unterkonsumption« befördert genau dies –, schlicht den Kollaps gewisser machen und die kommende große Veränderung in eine wahrscheinliche Klima-und-mehr-Katastrophe verwandeln.

Zweitens bin ich überhaupt nicht davon überzeugt, dass es für jedermann *erstrebenswert* wäre, etwa den »Lebensstandard« von Kuba oder Costa Rica zu erreichen, zwei der sehr wenigen Staaten, von denen man vielleicht sagen kann, dass sie es schaffen, sowohl ökologische Nachhaltigkeit als auch ein gewisses Maß an ökonomischer Gerechtigkeit zu erreichen.

Lassen Sie mich diesen zweiten Punkt erläutern. Großen Einfluss hat auf mich in diesem Punkt Helena Norberg-Hodge ausgeübt, deren Buch *Ancient Futures*[48] für mich eine Art Bibel des seriösen Post-Development-Denkens ist – verdientermaßen. Ich glaube, dass – wie ich es in den Beiträgen, die ich mit ihr gemeinsam verfasst habe, zum Ausdruck bringe – unser Selbstbild völlig inakzeptabel ist, dass wir eine gegenüber Jäger-und-Sammler-Kulturen und gegenüber gewissen bäuerlichen Gesellschaften überlegene Existenzweise erreicht hätten. Wir sollten eher das Ziel verfolgen, eine Postwachstums-Regionalisierung zu befördern, die bewusst über den Horizont dessen hinausblickt, was wir in der »entwickelten« Welt als selbstverständlich betrachten.

Ich stimme Ihnen zu, dass Hunderte Millionen, vielleicht Milliarden Menschen auf der Welt heute, und eigentlich seit dem Beginn von Ackerbau und Viehzucht, in bitterer Armut leben und dass das moralisch falsch ist. Aber ich glaube nicht mehr, dass die Lösung vorrangig darin liegen kann, dass man diese Menschen aus ihrer Armut »emporhebt« (*lift-up*). Ihr Elend ist ein *Produkt* unseres Systems, insbesondere seiner Tendenz, wirkliche Gemeinschaften zu zerstören und enorme Ungleichheit hervorzubringen. Ich glaube, wir sollten eher darüber nachdenken, wie wir das System zerlegen können, als darüber, wie »der Reichtum geteilt werden könnte«.

Wenn Sie also sagen, es gäbe »auf der Welt heute – trotz einiger Jahrhunderte kapitalistischer ›Entwicklung‹ – buchstäblich Milliarden Menschen, die nach jedem humanen Maßstab unterkonsumieren«, würde ich das ziemlich radikal umformulieren: Es gibt auf der Welt heute – auf Grund einiger Jahrhunderte kapitalistischer Entwicklung – buchstäblich Milliarden Menschen, die arm sind, weil andere reich sind. Ich glaube nicht, dass die meisten Armen auf der Welt mehr Dollars benötigen. Ich glaube, was sie benötigen, ist, dass die Reichen enteignet werden – einfach, damit die Ungleichheit radikal verringert wird, selbst wenn dadurch jeder weniger materielle »Güter« zur Verfügung hat – und dass die Gesellschaft wieder auf ein Fundament gestellt wird, auf dem die Gemeinschaften sehr viel eigenverantwortlicher sind und auf dessen Basis sich die Menschen weitgehend vom Land, aus den Meeren usw.

selbst versorgen können. Manchmal wird das behelfsweise, in den Worten meiner Green-House-Kollegin[49] Molly Scott Cato MEP, eine »bioregionale Wirtschaft« oder eine Versorgungswirtschaft genannt.

Eine solche Wirtschaft zu schaffen ist einer der Wege, auf denen ein Zusammenbruch eventuell vermieden werden kann. Sie macht diejenigen, die so wirtschaften, weitaus resilienter gegenüber den Folgen jeder Katastrophe. Das erfordert eine Philosophie der, wie ich es nenne, »Genügsamkeit« (*enoughism*) und das Ende der Kultur des »(Immer-)Mehr«. Genügsamkeit ist ein Denkmodell zu der Frage, welche und wie gering, ökonomisch gesehen, menschliche *Bedürfnisse* eigentlich sind.

Schon die Vorstellung, dass wir »Konsumenten« sind, ist Teil des Problems, nicht der Lösung. Die Armen der Welt haben in der Regel nicht den Bedarf nach *mehr* Konsum; sie brauchen nicht reicher zu sein als diejenigen ihrer (unserer) bäuerlichen und indigenen Vorfahren, die, wie ich es genannt habe, eine »reiche Subsistenz« genossen. Sie (und wir) möchten ein Leben leben, das Sinn ergibt, in wirklichen Gemeinschaften, in relativer Sicherheit. Sie bedürfen dessen, was die meisten Menschen während der längsten Periode der Menschheitsgeschichte hatten und was Helena Norberg-Hodge im ersten Teil ihres großartigen Buches beschreibt.

Viele der weltweit Armen blicken jetzt neidvoll auf das, was wir besitzen. Die Antwort darauf ist nicht, vergeblich (denn die planetarischen Grenzen lassen das nicht zu) zu versuchen, sie »emporzuheben« (*lift-up*); es ist an uns, das meiste von dem, was wir haben, aufzugeben und zu erläutern, dass wir jedenfalls nicht nur verrückt sind (um zum Beispiel auf die epidemische Ausbreitung psychischer Erkrankungen hinzuweisen, die auf der Nordhalbkugel heute stark zugenommen haben).[50] Die Antwort ist, nach einem Weg Ausschau zu halten, der jenseits der Sackgasse unserer Zivilisation verläuft, und nicht jeden mit dem tödlichen Griff dieser Zivilisation zu packen.

Wenn, was sehr wahrscheinlich ist, diese Zivilisation einen wenigstens teilweisen Zusammenbruch erleben wird, kann das eigentlich in gewisser Hinsicht auch positive Folgen haben, inmitten des allgemeinen Schreckens und des vorübergehenden Chaos. An erster Stelle wäre eine grundlegende Nivellierung zu nennen: die absurden Vermögen der Reichen und Superreichen, besonders jene Vermögen, die größtenteils elektronisch existieren, würden vernichtet werden.[51]

Zweifellos ist dieses »Programm« einer regionalisierten Welt radikal. Die eigentliche Frage kommt vielleicht erst danach: Wie viel von der Lebensweise der »Ersten Welt«, insbesondere unserer Technologie, kann oder *sollte* das Ende dieser Zivilisation überleben?

Technologie nach dem Ende des Empire

10

ALEXANDER: Interessant, es lohnt sich, hier ein bisschen tiefer einzusteigen. Wie können wir bestimmte (erwünschte) Technologien in und während der Großen Disruption bewahren, die wohl auf uns zukommt? Können wir lernen, weniger von Technologie bzw. von mancher Technologie abhängig zu sein? Das sind schwierige Fragen, besonders in einer Epoche, in der die meisten Leute anzunehmen scheinen, dass wir mehr Technik brauchen und nicht weniger. Ich vertrete die Ansicht, dass der Menschheit bereits alle Technologien zur Verfügung stehen, die sie zur Lösung ihrer Probleme benötigt. Mangel an Technik ist nicht unser Problem – eher, was wir mit all der verfügbaren Technik anstellen, und das stellt uns eher vor eine ethische als vor eine technokratische oder ingenieurstechnische Aufgabe. Kurz, wie viel von unserer Technik kann oder sollte den Kollaps der Zivilisation, wie wir sie kennen, überleben?

READ: Ich bin Philosoph, deshalb beginne ich meine Antwort auf diese wichtige Frage, wie oft in meinem Denken, von einem prinzipiellen Vorsorge-Ansatz aus. Ich bin immer noch der Meinung, dass wir bestrebt sein sollten, unsere Zivilisation im Übergang anzupassen; das bedeutet, wenn wir anerkennen, dass wir unser Klima und die Biodiversität bereits in erschreckender Weise und teilweise irreparabel ruiniert haben und dies noch einige Zeit lang schlimmer werden wird, selbst wenn wir rasch einen Bewusstseinswandel erreichen, sollten wir uns um eine zivilisatorische Transformation bemühen. Wir sollten anstreben, die biodiversen Ökosysteme wiederherzustellen (das umfasst zum Beispiel Feuchtgebiete, viel eher als den Bau

CO_2-intensiver und bruchgefährdeter »konventioneller« Flutschutzmaßnahmen), Landwirtschaft auf Permakultur auszurichten, schnell und flexibel zu sein bei Anpflanzungen und bei der Saatgut-Selektion usw.

Aber wir müssen uns auf das Schlimmste einstellen: eingeschlossen die reale Möglichkeit, dass die transformative Anpassung nicht oder nicht schnell genug stattfinden wird. Als ultimative Rückversicherung brauchen wir daher auch eine »*deep adaptation*« (fundamentale Anpassung)[52]. Wir müssen unsere Gesellschaften in die Lage versetzen, mit dem Kollaps umzugehen. Das ist es, was mit *deep adaptation* gemeint ist: Anpassung, die von der Möglichkeit oder faktisch der Wahrscheinlichkeit eines solchen Zusammenbruchs ausgeht.

Eine der entscheidenden Implikationen der *Deep-adaptation*-Agenda ist die folgende Tatsache: Es ist zutiefst unverantwortlich, zu diesem Zeitpunkt der Geschichte Technologien auszubauen, die den fortlaufenden Einsatz von Hightech oder hohe Organisationsstandards benötigen, um sicher zu sein. Ich habe vorhin geltend gemacht, dass damit die meisten Formen des Geo-Engineering ausgeschlossen sind, darunter sicherlich auch das »Solar Radiation Management« (Spiegel im Weltraum etc.: Denn wenn man sich darauf verlässt, man die Spiegel aber aufgrund eines zivilisatorischen Kollapses nicht weiter aufrechterhalten kann, könnte es wegen eines plötzlichen Klimaschocks schlimmer kommen, als wenn man sie gar nicht erst installiert hätte). Ich habe ebenfalls davon gesprochen, dass ich glaube, dass auch die Atomkraft jetzt keine Option ist. Für Atomkraft wird oft mit dem Argument geworben, dass sie eine vermeintliche »Lösung« für das Problem der durch CO_2-Emissionen verursachten Klimaschäden biete. Aber wenn man sich einmal vor Augen führt, was mit Atomkraftwerken und nuklearen Abfällen geschieht, wenn die Zivilisation untergeht, dann wird absolut klar, weshalb es völlig unverantwortlich ist, Atomanlagen zu bauen. Wir müssen handeln und Atomeinrichtungen weltweit schließen und absichern, damit es nicht zur Kernschmelze kommt, wenn sie nicht mehr ausreichend gewartet werden. Oder damit nicht ihr Abfall (insbesondere die ausgebrannten Brennstäbe) unzureichend betriebene Kühlbecken trocken kocht, sich anschließend entzündet und furchtbare, toxische Feuer entstehen lässt, die über Jahrzehnte oder Jahrhunderte die Atmosphäre belasten.

Bis dato haben wir bezüglich des Klimas praktisch alles auf die Karte Verhinderung/Abschwächung gesetzt. Das ist aber kein tragfähiges Konzept mehr. Globale Überhitzung und Klimachaos werden von Dauer sein und sich verschlimmern; Wir müssen uns daran anzupassen versuchen, wo immer es möglich ist. Die hegemoniale Kultur greift nach »Lösungen« in Form oberflächlicher Anpassungen, die es uns ermöglichen sollen, mehr oder weniger unverändert so weiterzuleben, wie etwa höherer Deichbau. Diese Lösungen werden nicht nur auf lange Sicht versagen, sondern sie verschlechtern sogar die Situation hinsichtlich Verhinderung/Abschwächung, weil bei der Installation und im Betrieb große Mengen CO_2 emittiert werden. Oberflächliche Anpassung ist klarerweise schlechter als nur unangemessen. Ich nenne sie fehlangepasste Anpassung (*maladaptive adaptation*).

Daher das Erfordernis einer »transformativen Anpassung«: Wir müssen nach »Win-win-Möglichkeiten« suchen, Anpassungsstrategemen, die gleichzeitig den Effekt abschwächen und uns dabei unterstützen, unsere Zivilisation auf die Weise zu transformieren, in der es nötig ist. Aber, wie ich bereits gesagt habe, auch dies ist zu wenig; wir müssen mutig genug sein, uns einzugestehen, dass ein Scheitern ziemlich gut möglich, ja sogar überwiegend wahrscheinlich ist: Daher können wir der Notwendigkeit einer *deep adaptation* nicht ausweichen. Wir müssen damit beginnen, die Hinterlassenschaften der Atomindustrie und anderer Technologien abzusichern – denn wenn wir das nicht tun, werden sie zukünftigen Generationen wirklich gefährlich werden.

Ein anderes Argument: Der Beurteilungsmaßstab für Technologien sollte nicht in erster Linie der Profit sein, der sich mit ihnen erzielen lässt, und auch nicht das Ausmaß, in dem sie unser Leben »leichter« machen, sondern ihre ökologische Viabilität und *Konvivialität*. Dieser Begriff stammt von dem bril lianten Denker Ivan Illich. Wir sollten Technologien fordern, die als Teil eines Lebens fungieren, das wir gemeinsam als auf Dauer angelegte Gemeinschaften leben können; Technologien, die uns zusammenbringen, die wir selbst handhaben können, die keine Militarisierung erfordern usw. Nukleartechnik fällt diesbezüglich wieder weg, wie Illich selbst in seinem wundervollen kleinen Buch *Tools for conviviality* darlegt.[53]

Und schließlich, Technologien sollten dem demokratisch gebildeten Willen der Gesellschaft nachgeordnet sein.[54] Dieses abschließende Argument findet man im Werk der großen politischen Theoretikerin Hannah Arendt. Jede Technologie, die diesen Willen untergräbt und eine Gesellschaft dazu zwingen kann, sich eher an sie anzupassen als vice versa, ist *prima facie* schädlich. Ein Beispiel, das ich vorhin gebracht habe, sind gentechnisch veränderte Organismen (GMO), die (über »Infektion«) leicht traditionelle organische Landwirtschaft verdrängen können.

Ich würde also geringfügig, aber maßgeblich modifizieren wollen, was Sie in Ihrer Frage zum Ausdruck brachten. Sie sagten, dass »der Menschheit bereits alle Technologien zur Verfügung stehen, die sie zur Lösung ihrer Probleme benötigt«. Ich antworte darauf, dass die Menschheit über mehr als genug Technik verfügt; tatsächlich hat sie zu viel Technik. Natürlich sollten wir nach neuen Technologien suchen, die uns in unserer existentiellen Krise wirklich helfen; aber wir sollten zum Ausgleich unsere Abhängigkeit von Technologie reduzieren und nicht vergrößern. Technologie wird nicht all unsere Probleme lösen; und einige unserer Technologien – und insbesondere die übergroßen Erwartungen, die wir an sie stellen – *sind* das Problem.

Das »Informationsdefizit«-Modell des Wandels

11

ALEXANDER: Ihr Vorschlag, dass Technologie dem »demokratisch gebildeten Willen« der Gesellschaft nachgeordnet sein sollte, mag manchem als zu optimistisch erscheinen. Es wäre schön, wenn wir in ein paar Jahrzehnten vielleicht zurückblicken und finden würden, dass der Übergang zu einer ökologisch ausgerichteten Zivilisation glatt und vernünftig verlaufen ist; dass die Einzelnen, Gemeinschaften, Nationen, ja die ganze Welt zusammengekommen ist, um gemeinsame Entscheidungen auf der Grundlage vernünftiger, evidenzbasierter Überlegungen und von Empathie geleiteter, demokratischer Politik zu treffen. Aber lagen uns nicht mehr oder weniger schon in den Siebzigern alle Informationen vor, die wir benötigten, um unseren destruktiven Weg zu ändern? Rachel Carsons *Der stumme Frühling* war erschienen; die Veröffentlichung von *Die Grenzen des Wachstums* fachte die Debatte an; André Gorz sprach bereits von der Notwendigkeit eines »Degrowth« usw. Jahrzehntelang war klar, dass die Wachstumsökonomien der industrialisierten Zivilisation in gefährlicher Weise die Ökosysteme unterminieren, von denen sämtliche Lebensgemeinschaften abhängen, um gedeihen zu können. Und trotzdem sehen wir jetzt, in der Rückschau, dass die globale Wirtschaft einer Schlange gleicht, die ihren eigenen Schwanz verspeist und sich offenbar nicht darüber im Klaren ist, dass sie ihr eigenes lebenserhaltendes System aufbraucht.

Wer glaubt also immer noch, dass eine neue »Theorie« oder eine neuer »Bericht« daran etwas ändern würden? Wer meint, dass es uns an Belegen mangelt? Dass wir nicht über genügend Informationen verfügen, um einen grundlegenden Kurswechsel zu rechtfertigen? Diese Fragen sind natürlich rhetorischer Natur. Die Belege sind vorhanden und das Empire schreitet voran. Wir gelangen da zu einer schwierigen Schlussfolgerung, besonders für Leute wie uns, deren Geschäft im Argumentieren, Beweisen und Schließen besteht.

Als Akademiker haben wir ein Eigeninteresse daran, dem »Informationsdefizit«-Modell des Wandels zu folgen, nach dem Menschen dann gute Entscheidungen treffen, die Wohlergehen, Gerechtigkeit und Nachhaltigkeit befördern, wenn sie nur hinreichend gut informiert sind. Wenn Menschen zu falschen Entscheidungen kommen, dann muss das daran liegen, dass sie nicht genügend sachkundig sind. Gemäß dieser Veränderungslehre brauchen wir Wissenschaftler und Denker also bloß mehr Informationen, deutlichere Argumente und bessere Belege bereitzustellen, weil sich Menschen rational verhalten und ihre Entscheidungen, ihr Abstimmungsverhalten und ihre Weltanschauungen am Ende so ausrichten, dass sich darin die besten verfügbaren Informationen widerspiegeln. Ha!

Ich bin mir nicht sicher, dass diese Auffassung in ihrer Reinform von besonders vielen Leuten geteilt wird ...

READ: ... in Wirklichkeit – wenn ich Sie hier unterbrechen darf, Sam – in Wirklichkeit glaube ich, dass viele von uns sie tatsächlich geteilt *haben*, wenigstens bis vor zehn oder zwanzig Jahren. Insbesondere Naturwissenschaftler, die zumeist nicht gewohnt sind, über die Gemüter der Leute in besonders differenzierter Weise nachzudenken, waren dieser Ansicht. Sie glaubten, wenn sie uns Belege für die Verschmutzung, das Artensterben usw. präsentierten, würden wir unser Verhalten ändern. Und es gibt sogar ein paar Beispiele dafür, dass sie mit dieser Annahme richtig lagen, etwa im Fall des »Ozonlochs«. (Dabei muss man aber beachten, dass selbst im Fall der Ozonkrise erst gehandelt wurde, als die pfiffige, wenn auch ungenaue Metapher vom Ozon*loch* aufkam.) Im Großen und Ganzen hat sich aber das Informationsdefizit-Modell als katastrophaler Fehlschlag erwiesen.

Tatsächlich gibt es wohl eher einen Information*süberschuss* in unserer Welt. Woran es fehlt, ist Weisheit, und das ist etwas völlig anderes.

ALEXANDER: Ja, genau. Nur Informationen bereitzustellen über das, was schiefläuft und was verbessert werden könnte, scheint überhaupt nicht zu funktionieren; es scheint keine wirkungsvolle Strategie für die Veränderung zu sein. Wir alle haben das Selbstbild, dass wir vernünftig und evidenzbasiert denken und handeln – man braucht aber bloß in die Welt hinauszuschauen, um zu sehen, dass sich dies in der Wirklichkeit nicht widerspiegelt. Deshalb hege ich selbst auch schwere Zweifel am Informationsdefizit-Modell. Es scheint eine rationale Weltsicht auf eine irrationale Spezies zu übertragen – aber dennoch ist die Aufgabe von Beweis und Argumentation sicherlich keine Lösung.

Inwiefern, glauben Sie, können neue Informationen, bessere Belege und solide Argumente die notwendigen Veränderungen auslösen? Wenn wir uns nicht in erster Linie auf das rationalistische Modell sozialen Wandels verlassen sollten, woran sollen sich die Funken einer tiefgreifenden Veränderung entzünden?

READ: Ihr Hinweis darauf, dass Beweis und Argumentation nicht aufgegeben werden dürfen, ist natürlich unerlässlich. Diejenigen, die diese Welt in eine post-faktische verwandeln wollen – ob wir hier von den Wegbereitern klimaleugnender Pseudo-Wissenschaft sprechen oder über gewisse extreme »Postmoderne« oder »Relativisten« oder über den »Führer der freien Welt« (sic) –, müssen entschieden zurückgewiesen werden. Wir müssen uns für die Wissenschaft einsetzen, für den Erhalt ziviler Räume echter Argumentation und echten Dialogs, für Medien, die den Unterschied zwischen tatsächlichen und Fake-Nachrichten für wichtig nehmen. Wir müssen natürlich diejenigen entlarven, die in Verfolgung ihrer kurzfristigen Profitinteressen die Verbreitung von Lügen aller Art finanzieren. Aber das reicht nicht aus. Bei weitem nicht.

Wir müssen außerdem großen Raum für offene philosophische und ethische Reflexion schaffen. Wir könnten damit anfangen, indem wir in den Schulen mehr das gute Leben unterrichten (und das bedeutet, unter anderem, Philosophieunterricht!), so wie es in weiten Teilen Kontinentaleuropas verbreitet ist. Aber selbst das ist nicht genug. Bei weitem immer noch nicht.

Wie Sie mit Ihrer Frage vielleicht andeuten, müssen wir, wie in den *Tributen von Panem*, erreichen, dass die Menschen Feuer fangen.[55] Und es ist wahrscheinlicher, dass wir das eher auf dem Weg wirklich hehrer Opferhandlungen erreichen (ein Öko-Jesus? Ein Hungerstreik der jüngeren Generation, deren Zukunft aufgebraucht wird?) oder durch Personen, die eine inspirierende Glaubwürdigkeit ausstrahlen (so wie Petra Kelly, Mitbegründerin der Grünen in Deutschland: Sie zu treffen war eines der prägenden und lebensverändernden Ereignisse in meiner Jugend) oder durch *Geschichten* – eher jedenfalls als durch das, was hauptsächlich in Universitäten gelehrt wird.

In diesem Zusammenhang: Der Kassenschlager *Avatar* hat mich ziemlich begeistert.[56] Hier haben wir einen Film mit einer »Botschaft«, wie wir sie benötigen; und es handelt sich um nicht weniger als den erfolgreichsten Film aller Zeiten (obwohl er im ländlichen China verboten wurde, weil die Diktatur berechtigterweise fürchtete, dass er Umweltrevolten gegen Landraub auslösen könnte).[57]

Um das zu verallgemeinern: Wir brauchen Geschichten; es ist ein Unding, dass es bisher noch nicht eine einzige Fernsehserie gibt, in der, sagen wir, *sowohl* katastrophische *als auch* weniger schlimme Szenarien bezüglich des Klimas dargestellt werden. Und wir benötigen eine intelligente *Neuausrichtung* des Themas:[58] Das gesamte Feld der Sprache muss umgepflügt werden, wir müssen die geist- und lebenstötende Macht solcher Wörter wie »Wachstum«, »Fortschritt«, »Entwicklung« und »Humanismus« überwinden und stattdessen (zum Beispiel) die Möglichkeit herausstellen, auf einem gemeinsamen Planeten zu leben, sowie die wunderbare Fügung, dass genau die Dinge, die wir tun müssen, um das Klimachaos abzuwenden, auch die sind, die uns zu einem glücklicheren, stärker lokal verwurzelten, reicheren und sichereren Leben führen.

Vielleicht brauchen wir ein ökologisches Pearl Harbour. Etwas so Großes und Unleugbares, dass es die Leute en masse aufweckt. Wir müssen selbstverständlich vorsichtig sein mit dem, was wir uns herbeiwünschen. Es ist schrecklich, in Betracht zu ziehen, dass unsere größte Hoffnung auf rechtzeitige zivilisatorische Transformation jetzt in einem wirklich schrecklichen Ereignis bestehen könnte. Aber eine Sache, über die wir – lassen Sie uns darauf zurückkommen – sprechen sollten, ist, dass Desaster, bei all ihrem Schrecken, auch eine gute Seite haben können – und auf welche Weise sie die Krise, in der wir uns befinden, in eine Chance verwandeln können.

Wie auch immer, nichts von dem, was ich beschrieben habe, ist eine Sache der *Irrationalität*. Kühl die Beweislage zu sichern ist nicht alles, was das Menschsein ausmacht, und das ist auch gut so! Ich denke, es wäre zu streng, uns als eine *irrationale* Spezies zu bezeichnen. Ja, wir sind hochanfällig für Neurosen, sogar für Psychosen. Wir können auf gefährliche Weise konformistisch sein, auch wenn, wie in unserer Kultur, dies durch die Bekundung, dass wir alle Individuen seien, geschieht. Und Beweise allein bewegen bei uns nur wenig. Aber das liegt daran, dass wir eine *gefühlsbestimmte* Spezies sind. Und Gefühle der richtigen Art und an der richtigen Stelle sind nichts Irrationales. Leidenschaft, Liebe, Sorge, Freude, Wärme, Vertrauen, selbst Trauer: diese Gefühle machen das zivilisierte Leben lebenswert (und zunächst überhaupt möglich). Eine kalte, neutrale, distanzierte, rationalistische Haltung zu allem offenbart eine tiefgreifende Störung bei einem Säugetier, wie bei einem Menschen.

Die Rolle von »Lehrern« in einer niedergehenden Zivilisation

12

ALEXANDER: Sie haben gerade angedeutet, dass Sie nicht daran glauben, dass die Antwort, nach der wir suchen, allein oder in erster Linie aus den Universitäten kommen wird. Die gängige Vorstellung von einem Forscher ist die eines hochgebildeten Wissenschaftlers, der von der Gesellschaft dafür bezahlt wird, dass er die nächste Generation ausbildet. Gemäß dieser ziemlich altmodischen Sichtweise belegen die Studierenden Seminare an der Universität, um von Experten in Gegenständen von Interesse und Bedeutung unterrichtet zu werden. Wenn ich hingegen heute vor meinen Studierenden stehe und mein Seminar über »Konsumismus und Wachstumswirtschaft« abhalte, wird mir unangenehmerweise bewusst, dass ich häufig, bei Fragen von grundlegender Bedeutung für unsere Zivilisation, schlicht keine »Lösung« für die Krise anbieten kann, der wir uns gegenübersehen, dass ich keine klare Antwort auf die Fragen habe, die meine Studenten oder ich selbst aufwerfen, und auch nicht weiß, wie man die Probleme bewältigen soll. Allenfalls kann ich mit ihnen gemeinsam darüber nachdenken, welche die bessere und welche die schlechtere Antwort in dieser misslichen globalen Lage wäre. Oder vielleicht sollte ich besser von einem globalen »Dilemma« sprechen, denn wir stehen vor zahlreichen Optionen, die alle herausfordernd oder schwierig sind; es gibt keinen einfachen Ausweg, vielleicht sogar gar keinen. Wie sehen Sie Ihre Rolle als »Lehrer« in einer Zivilisation im Niedergang?

READ: Lassen Sie mich bei der Antwort für einen Moment viel weiter im Bildungsprozess zurückgehen. Wir sind Wesen, die in extremer Verletzlichkeit und Unausgereiftheit geboren werden. Wenn wir noch ganz jung sind, gibt es einige Wahrheiten (wie unsere Sterblichkeit), an die wir erst langsam herangeführt werden sollten: Eine kindliche Seele mit ihnen zu konfrontieren, kann die Seele, den Geist oder das Herz zerbrechen lassen. Es ist nicht richtig, aus dem von Aufrichtigkeit und Wahrhaftigkeit bestimmten Geist von jemandem – der grundlegend ist für alles, was er oder sie zu tun und zu sein anstrebt – die Forderung nach absoluter Offenheit gegenüber allem und jedem zu jeder Zeit abzuleiten.

Aber der furchtbare Fehler, den unsere Zivilisation begangen hat, liegt, glaube ich, darin, dass man die Wahrheit über unsere sterbende Zivilisation in eine Ausrede dafür umgemünzt hat, unsere Kinder systematisch anzulügen. Wir belügen unsere Kinder jedes Mal, wenn wir so tun, als ob sie eine gewöhnliche Karriere ihrer eigenen Wahl in einer stetig wachsenden Wirtschaft zu erwarten hätten. Wir belügen sie jedes Mal, wenn wir ihnen eine Abbildung eines »typischen« Bauernhofs voller glücklicher, freilaufender Schweine, Kühe und Hühner zeigen. Wir belügen sie jedes Mal, wenn wir ihnen sagen, wie lieb wir sie haben, und ihnen gleichzeitig ein neues Stück Plastikmist in die Hand drücken, bevor wir unsere Aufmerksamkeit rasch wieder auf unsere Mobiltelefone richten. Wir belügen sie, und uns selbst auch, wenn wir glauben oder erklären, dass wir sie lieben und dennoch mit unseren Handlungen, statt entschlossen daran mitzuwirken, diese Zivilisation in eine bessere zu verwandeln, in Wirklichkeit ihren wahrscheinlichen Untergang beschleunigen.

Wir belügen sie, weil wir natürlich meistens uns selbst belügen. Aber auch, *weil wir von dem Gedanken durchdrungen sind, dass ihre Ahnungslosigkeit nicht mit einem Schlag weggewischt werden sollte,* bevor sie die Zeit hatten, ein Sicherheitsgefühl zu entwickeln, sich auf gesunde Weise »anzupassen« und ihre Persönlichkeit auszubilden. Und darin liegt, wie ich eben vorausgeschickt habe, ein Körnchen Wahrheit und Richtigkeit.

Aber ich glaube, wir haben die Balance schlecht eingerichtet. Es gibt keine Ausrede für systematisches Lügen, je älter ein Kind wird, desto weniger. Und wenn sie volljährig werden und zum Beispiel die Universität besuchen, gibt es absolut keine Ausrede mehr.

Es ist grässlich – wenn auch verständlich, angesichts des Drucks durch die Kollegen und die Institution –, dass die meisten Wissenschaftler ihren Studierenden gegenüber die düsteren Tatsachen, Wahrscheinlichkeiten und Möglichkeiten, die über ihnen schweben, verschweigen. Wir sollten unsere Studierenden bei jeder Gelegenheit freiheraus über das extreme Ausmaß der Umweltkrise unterrichten sowie darüber, wie veraltet ihr Lehrangebot in den Wirtschaftswissenschaften (und genau genommen: jedes Lehrangebot) ist und wie sehr sich unsere Spezies von der Realität entfernt hat. Wir sollten ihnen zum Beispiel auch beibringen, wie man seine eigenen Lebensmittel anbaut, statt so zu tun, als würden sie alle »wunderbare« Jobs in der Digitalwirtschaft bekommen und Ähnliches.

Das ist also meine Antwort auf Ihre Frage. An erster Stelle haben Intellektuelle und Lehrer derzeit die Verantwortung, mit sich ins Reine zu kommen. Wir sollten sagen, wie es ist; und wir sollten uns dafür entschuldigen, dass wir nichts Besseres zu erzählen und keine bessere Welt zu verschenken haben. Wir sollten uns von Figuren wie Spartacus, Cato dem Jüngeren, Vaclav Havel, Mahatma Gandhi, Petra Kelly und Greta Thunberg inspirieren lassen: Wir sollten uns darüber im Klaren sein, dass unsere Stärke, so wie sie ist, darin liegt, authentisch zu sein, nicht vor extrem unbequemen Tatsachen zurückzuscheuen und mit anderen unsere Gefühle zu teilen. Ich stelle fest, dass eines der machtvollsten Dinge, die ich jetzt tun kann, darin besteht, mit der jüngeren Generation meine Angst (und Trauer) zu teilen. Wirkliche Empathie ist die Basis für einen wirklichen Dialog.

Wir sollten uns von Wittgenstein, Sokrates, Ivan Illich und Paolo Freire in dieser Hinsicht inspirieren lassen: Wir sollten ehrlich genug sein, so wie Sie, Sam, zuzugeben, dass wir die Antwort auch nicht wissen. Zu lehren umfasst für uns auch das Eingeständnis, dass wir nicht über ein Wissen verfügen, das, wenn die jüngere Generation es sich aneignen würde, eine »technische« (oder eine andere) Lösung liefern würde. Meine

Generation hat, alles in allem, bei der epochalen Aufgabe, diese Zivilisation aufzuwecken, bevor sie ihr eigenes Schicksal besiegelt, versagt. Ein Teil von dem, was wir tun müssen, ist *das* zu lehren. Und die Demut, die daraus folgt.

Und jetzt kommt das Ermutigende: Meiner Erfahrung nach kann die Art von Ehrlichkeit, die Sie und ich hier zur Diskussion stellen, tatsächlich oft transformativ wirken und löst, wie wir es vielleicht befürchten und was wir dringend zu vermeiden suchen sollten, keine allgemeine Depression aus. Sie ist vielmehr die Grundlage für eine radikal neue Hoffnung, eine Hoffnung, die sich nicht auf Illusion oder Täuschung gründet. Bei meinen freimütigen Vorträgen während der letzten fünf Jahre bin ich vielen, insbesondere vielleicht jüngeren Menschen begegnet, die sich ernsthaft Sorgen um die Zukunft unseres Planeten machen, Sorgen, die sie gewöhnlich bisher verborgen hatten, um nicht ausgelacht zu werden oder andere damit »anzustecken«. Wenn die Menschen aber ihre tiefsten Ängste miteinander teilen können, kann das dazu beitragen, dass diese sich nicht verstärken und weniger quälend werden. Wir sollten zunächst gemeinsam darüber nachdenken, worein wir *wirklich* unsere Hoffnung setzen und wie wir damit beginnen können, dies möglich zu machen.

Die Krise als Chance   13

ALEXANDER: Sie haben vorhin auf die Redensart hingewiesen, dass jede Krise auch eine Chance in sich berge – Optimisten ziehen daraus den Schluss, dass je stärker die Krise sei, es umso mehr Chancen gebe! Natürlich darf diese Aussage nicht so verstanden werden, als würde man die Krise romantisieren oder herbeiwünschen wie ein verträumter Narr. Vielmehr scheint unser gesamtes Gespräch von einem tiefen Pessimismus hinsichtlich der Aussichten auf sanftere und weniger disruptive Formen der gesellschaftlichen Transformation bestimmt zu sein. Die Krise könnte daher vielleicht unsere größte Hoffnung auf eine Störung des Status quo und den Beginn einer Überleitung in etwas ganz anderes sein.

Wenn die Krise des Kapitalismus sich vertieft, wozu sie in den kommenden Jahren und Jahrzehnten bestimmt zu sein scheint, wird die Aufgabe darin bestehen, sicherzustellen, dass solch instabile Voraussetzungen dazu genutzt werden, progressive humanitäre und ökologische Ziele zu verfolgen, und zu verhindern, dass sie ausgenutzt werden, um die Austeritätspolitik des Neoliberalismus weiter zu zementieren. Mir ist natürlich klar, dass Letzteres eine reale Möglichkeit ist, wie auch der Erzkapitalist Milton Friedman erkannt hat, der diesen Punkt in folgenden Worten zum Ausdruck bringt:

> Nur eine Krise – ob eine tatsächliche oder eine vermeintliche – bringt wirkliche Veränderung hervor. Wenn ein solcher Krisenfall eintritt, hängen die unternommenen Schritte von den Ideen ab, die sozusagen herumliegen. Darin besteht, glaube ich, unsere zentrale Funktion: Alternativen zur bestehenden Politik zu entwickeln, sie am Leben und abrufbar zu halten, bis das politisch Unmögliche zum politisch Unvermeidbaren wird.[59]

Es kommt nicht oft vor, dass ich mit Friedman übereinstimme. Mit Widerwillen bin ich zu dem Schluss gelangt, dass wahrscheinlich nur mit Hilfe der sich vertiefenden Krise die bequeme globale Konsumentenklasse hinreichend verstört werden wird, um die sedierenden und entpolitisierenden Auswirkungen des Wohlstands zu überwinden. Im Grunde habe ich die Empfindung, dass es für die Bürger besser ist, wenn sie *nicht* vor jeder Krisensituation geschützt werden, vorausgesetzt, die Konfrontation mit der Krise kann eine wesentliche Rolle bei ihrer Bewusstseinserweiterung spielen, insofern sie das Bedürfnis und die Motivation entstehen lässt, etwas über die strukturelle Grundlage der Krisensituation selbst zu lernen.

READ: Ja, wenn wir vor Krisen allzu lange abgeschirmt werden, besteht die Gefahr, dass wir länger abwarten, bevor wir uns damit befassen, als wir es sonst getan hätten. Deshalb betonen Jared Diamond und andere die Gefährlichkeit hochgradig ungleicher Gesellschaften (wie fatalerweise die, in der wir leben): Denn die Elite solcher Gesellschaften kann sich in das Denken flüchten, dass die Dinge doch im Wesentlichen in Ordnung seien, bis es dann kein Zurück mehr gibt, während die Massen leiden und den Zusammenbruch am eigenen Leib erfahren; und das erhöht die Wahrscheinlichkeit, dass die Gesellschaft insgesamt zusammenbrechen wird.

ALEXANDER: Und dennoch kann sich, wie ich bereits bemerkt habe, die Krise in viele Richtungen auswirken – sie kann der Weckruf sein, den wir benötigen ... oder sie beschleunigt schlicht den Zerfall der Zivilisation in eine Barbarei. Welche Rolle spielt die Krise in Ihrer Auffassung vom Wandel? Ist die Welt bereit für die umfassenden Herausforderungen, die in der einen oder anderen Form auf uns zukommen?

READ: Wir sind den klimabedingten Katastrophen (*disasters*) nun ausgeliefert, und sie werden sich verschlimmern, über einen langen Zeitraum. Aber wir wissen noch nicht, ob wir auch der Klimakatastrophe (*catastrophe*) an sich ausgeliefert sind. Es ist gerade noch möglich, dass uns Ersteres dabei hilft, Letzteres zu vermeiden. Schauen Sie sich die Literatur zur »Katastrophenforschung« an, namentlich Rebecca Solnits erstaunliches Buch *A Paradise Built in Hell: The Extraordinary Communities That Arise in Disaster*.[60] Solnit beschreibt, dass sich Überlebende einer Katastrophe daran oft als an eine Zeit voller Freude und bedeutender Erfahrungen erinnern.

Sie behauptet, das liege daran, dass in diesen Momenten die soziale Ordnung plötzlich als etwas erscheint, das »einem künstlichen Licht ähnelt: noch eine Sorte Macht, die in der Katastrophe zusammenbricht«. Ihr Scheitern lässt ein wirklicheres Licht zum Vorschein kommen, das aus unserem Inneren kommt, das wir teilen und gemeinsam wachsen lassen können. Es setzt moralische Ressourcen frei, die uns die ganze Zeit zur Verfügung gestanden haben – in uns selbst und in der Gemeinschaft, nur darauf wartend, realisiert zu werden – und die uns die »Rückkehr in eine behelfsmäßige, kollaborative, kooperative und lokale Gesellschaft« ermöglichen. Krisenmomente geben uns Gelegenheit, den Blick und zum ersten Mal auch die Initiative auf die Vision einer Welt zu richten, von der wir immer gespürt haben, dass sie möglich wäre, von der wir aber nicht in der Lage waren, sie zu artikulieren, geschweige denn in die Tat umzusetzen.

Eben deshalb bietet die langandauernde Krise, in die wir gerade eintreten, ohne Zweifel eine Chance. Die weitverbreitete Meinung, Katastrophen würden stets Grausamkeit und Gleichgültigkeit, die einfach in der menschlichen Natur lägen, zum Vorschein bringen, ist falsch. Das ist mit dem Titel von Solnits Buch gemeint: Katastrophen bringen oft unwillkürlich nicht Barbarei, sondern Großzügigkeit, Gemeinschaft, so etwas wie einen spontanen, undogmatischen »Kommunismus« hervor.

Die kommenden Umwelt- und Klimakatastrophen können also trotz alledem zu einer Verbesserung der menschlichen Güte führen. Und zu dem Bewusstsein – zu dem Entschluss –, dass wir verhindern müssen, dass sich solche Katastrophen zu einer Gesamtkatastrophe vervielfachen. Es ist vielleicht unwahrscheinlich, dass es zu dieser Verhinderung in ausreichendem Maße kommt; wahrscheinlicher ist, dass die Menschen stattdessen zu oft ihre Aufmerksamkeit auf das Gegenwärtige und Naheliegende richten[61] und dass das Gesamtbild nicht zur Kenntnis genommen oder abgestritten wird. Aber die Möglichkeit eines neuen Bewusstseins und eines neuen Pflichtgefühls ist eine der großen Hoffnungen, die wir gegenwärtig hinsichtlich einer zivilisatorischen Transformation haben.

Selbst wenn sich jedenfalls herausstellt, dass das Beste, auf das wir hoffen können, das zweite der drei Szenarien ist, die ich im Zuge der Beantwortung Ihrer ersten Frage an mich in den Blick genommen habe – die Möglichkeit, eine Nachfolgezivilisation aus den Trümmern der sehr wahrscheinlich untergehenden bestehenden hervorgehen zu lassen –, ist es geboten, die guten Seiten der Katastrophe(n) zu entdecken: Lernerfahrungen, die uns bei einer grundlegenden Anpassung (*deep adaption*) helfen werden, vergleichbar damit, wie die Überlebenden früherer Umweltkatastrophen wahrscheinlich Demut gegenüber der Natur gelernt haben. Unsere indigenen Vorfahren, die die Megafauna in Europa, Asien und Australasien dezimierten und unter den verhängnisvollen Folgen zu leiden hatten, machten die Erfahrung, dass es besser ist, in und mit den natürlichen Systemen in Harmonie zu leben.[62] Wir *werden* diese Lektion lernen. Die Frage ist nur, ob wir das begreifen, wenn wir sterben (1) oder wenn wir (oder eher einige wenige von uns) den Zusammenbruch überleben und damit beginnen, eine neue Lebensweise zu entwickeln (2), oder um uns selbst zu verändern und den Kollaps zu vermeiden (3).

Außerdem werden wir in ziemlich großer Zahl auf das Land zurückkehren. Der einzig spannende Punkt ist, ob wir das früher auf teils geplantem, teils freiwilligem Weg tun werden[63] oder später in katastrophal-verzweifelter, erzwungener Weise.

Die Krise, der wir uns gegenübersehen, ist trotz allem eine Chance zu lernen, Vorstellungskraft und Hoffnung zu entwickeln und es *besser* zu machen. Ein Teil dieses Lernprozesses muss jedoch präventiv stattfinden: Wenn der Zusammenbruch erst kommt, kann und wird es zu spät sein.

ALEXANDER: Über die Aussicht auf einen gesellschaftlichen Kollaps wird in diesen Tagen inzwischen häufiger diskutiert, selbst in einigen Mainstream-Medien wie bedeutenden Tageszeitungen und serösen Zeitschriften. Während dies einst ein Randgebiet war, auf dem sich Untergangspropheten tummelten, kann man heute sogar davon sprechen, dass der Kollaps das ist, was allgemein erwartet wird. Slavoj Žižek würde sagen, das hat die Funktion, »die Apokalypse zu normalisieren«. Aber trotz der Aufmerksamkeit, die der Gedanke der Apokalypse erweckt, wird darüber nicht immer mit der gleichen Sorgfalt und begrifflichen Schärfe diskutiert. Was meinen Sie damit, wenn Sie den Begriff »Kollaps« gebrauchen? Gibt es eine Aussicht auf einen »prosperierenden Niedergang«? Oder wird jedes Zusammenbruchsszenario notwendig von Schmerz und Leid geprägt sein?

READ: Das ist eine entscheidende Frage. Wenn ich über »diese Zivilisation« (als eine gescheiterte) gesprochen habe, war das sehr eng gefasst. Was habe ich damit bezeichnet? Vor allem das, was Joanna Macy die »industrielle Wachstumsgesellschaft« nennt. *Diese* ist gescheitert. Die Fantasie von einem endlosen »Fortschritt« (alias endloses Wirtschaftswachstum) ist tot. Jedes weitere Stückchen materieller »Fortschritt« bringt uns jetzt weiter über die Klippe und verringert unsere geringen Chancen, dass wir uns noch wieder hochziehen können. Wir zehren von unseren lebenserhaltenden Systemen.

Der Wachstumswahn, der ein zentraler Bestandteil der Ideologie ist, die diese Zivilisation weltweit beherrscht, ist tödlich, weil er unsere Aufgabe unentwegt schwieriger macht. Sie und ich, Sam, gehören zu denen, die gezeigt haben, dass die Vorstellung von einem grünen Nettowachstum innerhalb der Grenzen unseres Planeten zutiefst unplausibel ist.[64] Aber *selbst wenn wir uns irgendwie diesbezüglich irren sollten*, wäre immer noch richtig, dass der Wachstumswahn letale Tendenzen hat; denn wenn unser kollektives Ziel in der Steigerung des Bruttoinlandsproduktes besteht und daher ewig Druck auf diese Grenzen ausgeübt wird, graben wir uns am Ende unser eigenes Grab. Selbst wenn ein grünes Nettowachstum (netto, d. h. bezogen auf die Gesamtwirtschaft, nicht Sektor-spezifisch) möglich wäre, würden wir uns kollektiv unser eigenes Grab schaufeln. Intelligent wäre es also, die Schaufel gar nicht erst in die Hand zu nehmen!

Was die Industriegesellschaft betrifft: Praktisch jeder ist der Meinung, dass die industrielle Revolution eine unvermeidbare und offensichtlich gute Sache war. Aber angesichts der Folgen des industriellen Wachstums, das uns stetig dem Weißen Schwan einer Klimakatastrophe und einem ökologischen Zusammenbruch sowie dem sechsten, diesmal von uns verursachten Artensterben näher bringt, muss diese Annahme neu bedacht werden. Wir sollten eine kritischere und bedachtere Haltung dazu einnehmen, wie es etwa das *Dark Mountain Project*[65] beispielhaft tut. Und wir müssen uns fragen: Hätte die ganze Angelegenheit mit mehr Vorsorge und langsamer durchgeführt werden können? Und könnten – sollten – wir nicht wählerischer bei der Entscheidung darüber sein, welche Industrien wir heute zulassen und welchen wir erlauben, sich weiterzuentwickeln?

Wir müssen das verantwortungslose Industriewachstum beschränken und manche Industrien, die uns und unsere nichtmenschliche Verwandtschaft umbringen und die Zukunft unserer Kinder langsam vernichten, sogar abwickeln. Wir müssen *auswählen*, welche Produkte und Prozesse der Industriegesellschaft wir erhalten wollen. Ich hoffe zum Beispiel, dass wir in unserer radikal regionalisierten Zukunft Teile des Internets erhalten können, die uns dabei helfen, Wissen und Weisheit zu teilen, globale Probleme anzupacken (wie das Klima) und das Anwachsen von Fremdenfeindlichkeit zu verhindern. Aber wir werden sehen. Ohne Zweifel werden wir manches von dem, was wir gewohnt sind, aufgeben müssen.

Das schiere Ausmaß dieser Aufgabe, die damit verbundene Waghalsigkeit und die Tatsache, dass sie den herrschenden Vorstellungen vom angeblich unbegrenzten Erfindungsreichtum der Menschheit, der angeblich wohltätigen Natur von Technologie, der Ideologie von »Fortschritt« und »Entwicklung« etc.

widerspricht, deuten darauf hin, dass schwer absehbar ist, wie wir die Aufgabe bewältigen können. Was ich damit sagen will, ist: Ob uns eine solche Transformation in eine Gesellschaft mit einem radikal verringerten ökologischen Fußabdruck gelingt, darauf würde kein klardenkender Mensch *wetten* wollen. Ein prosperierender Niedergang (*prosperous descent*) – also das dritte Szenario, das ich eben skizziert habe – wäre wundervoll und bleibt möglich, und es ist schmerzhaft (um nicht davon zu sprechen, wie unendlich frustrierend es ist) zuzugeben, dass die Menschheit nur sehr unwahrscheinlich dazu imstande sein wird.

Deshalb brauchen wir, wie ich eben behauptet habe, die Rückversicherung nicht nur einer transformativen, sondern auch einer grundlegenden Anpassung (*deep adaptation*), um zu verhindern, dass aus Möglichkeit (2) – das ist die Nachfolge-Zivilisation nach einem Zusammenbruch – Möglichkeit (1) wird: der völlige Zusammenbruch; der zu erwartende Verlauf, selbst auf einem reformierten Business-as-usual-Weg. Einige Auswirkungen des Kollapses, die vielleicht durch das Zusammenwirken von Wasserknappheit und daraus folgendem Nahrungsmangel entstehen, sehr wahrscheinlich aber stattdessen oder zusätzlich durch andere Probleme (wie das Ausbleiben von bestäubenden Insekten oder Seuchen unter einer durch das Klima geschwächten Bevölkerung) verstärkt werden, müssen wir vermutlich als unser Schicksal betrachten. Nicht nur in Afrika, Asien und dem Mittleren Osten, sondern auch in Australien, Europa und Nordamerika.

Die industriell-wachstumsbasierte Gesellschaft ist am Ende. Wir werden sie rasch in etwas Besseres verwandeln oder sie geht unter, entweder, damit daraus etwas anderes entsteht, oder einfach, um uns mit in den Abgrund zu reißen. Und jedes Kollapsgeschehen wird voller Leid sein. Es wird nicht einfach werden, zu verhindern, dass daraus mehr oder weniger ein völliger Zusammenbruch wird. Zum Beispiel, worüber wir gerade gesprochen haben: zu verhindern, dass Atommüll – abgebrannte Brennstäbe, von laufenden Reaktoren will ich gar nicht reden – zu einer endlosen Quelle von Tod und Leid wird,

wird konzertierte Anstrengungen zu einer Zeit erfordern, die genau dafür unpassend sein wird. (Gibt es in Ländern wie den USA und Großbritannien überhaupt die Bereitschaft, sich aufzuopfern, die aber unter solchen Umständen erforderlich sein wird? Ist die Kombination von freiwilligem und erzwungenem Heldentum, die die Katastrophe von Tschernobyl eingedämmt hat, in Ländern wie unseren vorstellbar, die sich mit der Ideologie eines atomisierten Individualismus brüsten, Ländern, die mit dem Gedanken spielen, es gäbe so etwas wie eine Gesellschaft gar nicht?)[66]

Wo größte Gefahr droht, kann auch Kraft zur Rettung gefunden werden. Wenn wir schließlich in den Abgrund zu blicken wagen, wenn wir den Mut finden, über diese Fragen nachzudenken, die wir hier diskutieren, wenn wir die Schönheit dessen, was wir haben, bemessen und den Aberwitz, es zu verspielen, wenn wir den Schmerz darüber empfinden, was wir unseren Kindern hinterlassen, dann können wir uns gegen die Herausforderung aufbäumen und uns ihr stellen. Es geht um die größte Herausforderung in der gesamten Geschichte unserer Spezies. Was für eine überwältigende und ergreifende Verantwortung – und sie ist, natürlich, furchteinflößend.

Eines gibt mir, wie ich in der Antwort auf Ihre vorhergehende Frage schon erklärt habe, in diesem großen und furchtbaren Moment sehr reale Hoffnung: Wenn wir Menschen uns schwersten Bedrohungen und den am wenigsten erwartbaren, äußersten Herausforderungen gegenübersehen, neigen wir spontan dazu, unsere besten Seiten zu entfalten und selbstlos, kreativ und gemeinschaftsbildend zu werden.

Deshalb ist es möglich, dass die Katastrophen, die definitiv auf uns zukommen, und der Kollaps, zu dem sie wahrscheinlich führen werden, uns zu uns selbst machen.

ALEXANDER: Sie behaupten, dass wir selbst im Fall eines Kollapses überraschenderweise herausfinden könnten, dass manche traurigen Ereignisse auch einen Hoffnungsschimmer bieten oder Ähnliches. Vielleicht können Sie diese kontra-intuitive Idee ein wenig ausführen.

READ: Ja. Unsere heutige Lebensweise hat zur Folge, dass wir gewissermaßen in permanenter Abwesenheit von Gemeinschaft leben. Katastrophen können bewirken, dass wir dies überwinden. Sie ermöglichen, dass wir über unser kleines Selbst, unser begrenztes und begrenzendes Ego, hinausfinden. Damit das möglich ist und auch stattfindet, muss es sich allerdings um eine *Katastrophe* vollen Ausmaßes handeln, nicht bloß um einen Unfall oder etwas Schlimmes. Charles Fritz, der Rebecca Solnits Arbeit auf diesem Feld maßgeblich beeinflusst hat, betont diesen Punkt.[67] Er schreibt, dass Katastrophen schwer genug ausfallen müssen, um *nicht* ein »unzerstörtes, intaktes soziales System« zu hinterlassen. Nur wenn dieses System hinreichend aus der Bahn gebracht ist, kann eine neue und wirklichere Form von Gemeinschaft entstehen. »Eine Katastrophe«, so Fritz, »sorgt für eine unstrukturierte soziale Lage, die es Personen und Gruppen ermöglicht, die Chance zu ergreifen, gewünschte Erneuerungen in die Gesellschaftsordnung einzuführen.«

Wenn wir uns einen Zusammenbruch ausmalen, neigen wir dazu, uns Menschen in ihrer schlimmsten Verfassung vorzustellen. Aber was in einer Katastrophensituation manchmal zum Vorschein kommt, ist eine wirkliche Gemeinschaftsidentität, die dem Mangel daran in der modernen Gesellschaft entspricht; und das ist das genaue Gegenteil von dem, was wir uns nach dem Hobbes'schen Drehbuch eigentlich vorstellen müssten.

Der Wortherkunft nach bedeutet Apokalypse »Freilegung/ Offenbarung«. Auch wenn jeder Kollaps notwendigerweise Leid und Tod mit sich bringt, weil wir dann nicht mehr in der Lage sein werden, unsere künstlich angewachsene Bevölkerung[68] zu ernähren und unseren dekadenten Lebensstil zu erhalten, muss, so behaupte ich, dabei nicht unbedingt eine menschliche Natur zum Vorschein kommen, die mörderisch und gewaltvoll ist. Wenn wir von einer Haltung der Liebe und Zugewandtheit (*fellowship*) ausgehen und nicht von Misstrauen, *kann die bei einem Zusammenbruch offenbarte menschliche Natur von überraschender Solidarität*, Sorge und Opferbereitschaft gekennzeichnet sein.

Autoren wie Margarete Buber-Neumann, Victor Frankl und Primo Levi haben deutlich gemacht, dass selbst in Umgebungen, die darauf ausgerichtet sind, den menschlichen Geist zu brechen, häufig ganz unerwartet liebevolle Freundlichkeit entsteht. Es läge also nicht jenseits unseres Verstandes (oder unseres Herzens), wenn wir in den kommenden Jahren, in denen das Leben gefährlicher werden wird, unter Stress solche Haltungen pflegen würden.

Bei einem Kollaps wird unser soziales System sicher gründlich – völlig – gestört werden. Was ich sagen will, ist, dass es in der entstehenden weniger geordneten Situation eine sehr reale Chance dafür gibt, dass wir zueinander und zu einer tieferen Zusammengehörigkeit finden. Also ja: Darin liegt ein potentieller Hoffnungsschimmer sogar bei einem Kollaps, besonders wenn es uns gelingt, ein Teilzusammenbruchs-Szenario in einen Durchbruch des menschlichen Geistes zu verwandeln, in einen wachen (*blitz*) Geist für unsere heutige Zeit. Ein neu aufkommendes Bewusstsein, das den Keim für eine Nachfolge-Zivilisation legen könnte, eine Zivilisation, die jemand wie Gandhi für eine gute Idee halten würde.

Um diese Möglichkeit zu realisieren, müssen wir sehr viel kühnere Fantasien zulassen, als in den engen Grenzen des individualistischen Neoliberalismus oder selbst unter »Progressiven«, »Linken« oder Mainstream-Grünen sonst üblich ist. Wir können uns, wie ich gesagt habe, von den »Botschaften« – und dem großen Erfolg – etwa von Blockbuster-Filmen wie *Avatar*, *Die Tribute von Panem* und *Die Straße* anregen lassen.[69] Klimakatastrophen oder ein Kollaps-Szenario sprengen uns aus dem heraus, was Charles Eisenstein die »Geschichte unserer Separation« nennt; wir werden dazu gezwungen, die traurigen kleinen Silos zu verlassen, in denen zu »leben« uns die Konsumkultur bestärkt. Bei aller Beklemmung, Furcht und (offen gesagt) Schrecken sowie bitterer vorweggenommener Trauer, die wir berechtigterweise empfinden, wenn wir mutig und mit offenen Augen darüber nachzudenken wagen, wie das menschliche Abenteuer in den nächsten ungefähr zwanzig Jahren wohl weitergehen wird, sollten wir auch eine neue, radikale Hoffnung empfinden: dass die »schlimmen« Zeiten fast sicher auch Stärken und Freuden offenbaren werden, von denen wir bisher nicht wussten, dass wir zu ihnen fähig sind.

Die Sterilität der Einbildungskraft   14

ALEXANDER: Sie fordern uns zu »kühneren Fantasien« auf. Der Konsumismus, die Ideologie, die heutzutage Gesellschaften wie die englische oder die australische beherrscht, scheint auf einer fantasielosen, verengt-materialistischen Konzeption des guten Lebens zu basieren, die mir wie ein krasses Versagen der Einbildungskraft vorkommt und auf falsch verstandenen Vorstellungen von Freiheit und Wohlstand beruht. Die Menschen scheinen tief in ihrem Inneren zu wissen, dass mit diesem kulturellen Narrativ etwas nicht stimmt – dass es bessere, freiere und menschlichere Lebensweisen geben muss. Aber wir leben in einer Welt, die sich verschworen hat, das Wissen um solche Alternativen von uns fernzuhalten. Uns wird gesagt, dass der Konsumismus die Spitze der Zivilisation sei und dass es dazu keine Alternative gäbe, und mit der Zeit, wenn diese Botschaften endlos wiederholt und standardisiert werden, beginnt unsere Einbildungskraft zu kontrahieren und wir verlieren die Fähigkeit, uns andere Welten, andere Lebens- und Seinsweisen, vorstellen zu können.

Kann es sein, dass die heutigen Krisen auf eine Sterilität der Einbildungskraft zurückgehen? Falls ja, hängt die Herausforderung, den Keim für eine neue Zivilisation zu legen, dann nicht weniger von besseren Beweisen und Argumenten als vielmehr von neuen *Visionen* von Wohlstand und Prosperität ab?

READ: Ich möchte diese Frage mit einer anderen verbinden, die wir vorhin gestreift haben: Ein Teil dessen, was wir benötigen, ist eine Wohlstandsvision, die keine »Wachstums«-Vision ist. Glücklicherweise hat Tim Jackson, Professor für Grüne Ökonomie, mit der Ausarbeitung einer solchen Vision begonnen. Sein Buch heißt, in diesem Sinne: *Wohlstand ohne Wachstum.*

Um diese Vision ein bisschen konkreter zu machen, ist es, wie ich glaube (und schon angedeutet habe), entscheidend, die Bedeutung einer *Regionalisierung* unserer Wirtschaft zu betonen.[70] Wir müssen eine Vorstellung von der *Umkehrung* des größten Teils der wirtschaftlichen Globalisierung, unter der wir leiden, entwickeln (und diese dann auch in die Hand nehmen!), eine Globalisierung, die das erklärte Ziel des globalen Kapitals war und in den radikalen und grässlichen »Handels«-Verträgen zum Ausdruck kommt, die in der letzten Generation ins Spiel kamen.[71] Wir müssen damit beginnen, uns lokale Orte vorzustellen, die wieder weitgehend selbstversorgend sind und sich selbst verwalten. Wir müssen in diesem Sinne wirklich die Kontrolle wiedergewinnen.

Regionalisierung wird unsere Resilienz verstärken, weil sie unsere Abhängigkeit von hoch verwundbaren Lieferketten und übermäßig – geradezu absurd – komplexen wechselseitigen wirtschaftlichen Dependenzen reduziert. Wir werden uns hauptsächlich aus unserer eigenen Region versorgen.[72] Das ist besonders wichtig bei der Lebensmittelversorgung (und hier gibt es viele Anzeichen von Hoffnung, von der Zunahme regionaler Gemüsekistensysteme bis zum Gemeinschaftslandbau; von der Zunahme von Kleinbauernhöfen bis zur Ausbreitung von Permakultur und Agroforstwirtschaft), aber das Argument gilt für die gesamte Wirtschaft.

Nun, dies ist *an sich* schon wünschenswert; es wird uns von der Dominanz überregionaler Unternehmen oder Märkte (oder Regierungen) befreien und es weniger wahrscheinlich machen, dass wir unsere Ökosysteme plündern (denn es ist einfacher, einen Regenwald zu zerstören, der Tausende Kilometer weit weg liegt, als einen Wald um die Ecke, weil man im letzteren Fall die Folgen sofort zu spüren bekommt und sich daher leichter dazu bewegen lässt, die Zerstörung aufzuhalten). Aber aus einem weiteren Grund ist dies in diesem historischen Moment entscheidend: weil wir uns auf lange Lieferketten zu einer Zeit, in der ein Zusammenbruch des Welternährungssystems und der Weltzivilisation selbst bevorstehen könnte, einfach nicht verlassen können.

Ein anderer und weniger »gieriger« Weg zu einer neuen Vision von uns[73] bringt nicht allein eine bessere Lebensweise mit sich als unter Bedingungen des Konsumismus und gibt uns nicht nur die Chance zu der beispiellosen gesellschaftlichen Transformation, die nötig ist, damit diese Zivilisation überlebt, sondern er ist beides zugleich. Was wir jetzt sehr dringend brauchen, ist der Inbegriff aller Versicherungspolicen: einen Weg, auf dem wir mit der Errichtung einer »Rettungsboot«-Gesellschaft beginnen können, die während der harten Zeiten, die als Folge unserer fortgesetzten Barbarei und der törichten Zerstörung der Natur ziemlich sicher auf uns zukommen werden, die Humanität im Blick behält.

Die Zeit des Konsumismus und der wirtschaftlichen Globalisierung ist vorbei. Noch einmal: Die einzige Frage lautet: Werden wir uns intelligenterweise dafür entscheiden, ihnen freiwillig ein Ende zu setzen, oder wird eine gequälte und aufgebrachte Natur uns zu diesem Ende in einem gewalttätigen Kollaps zwingen?

Die existentielle Leere, die der Konsumismus nicht füllen kann

15

ALEXANDER: Der Angriff des Kapitalismus auf die Natur ist tragisch und skandalös genug. Aber es scheint, als wenn die *Kultur* des Kapitalismus noch tiefer greift – an unseren Wesenskern, wie wir bereits diskutiert haben. Dabei geht es nicht allein um die Verzweiflung, die uns droht, wenn wir uns mehr und mehr dessen bewusst werden, dass die globale Wirtschaft so viel von unserem schönen, aber fragilen Planeten zerstört und diese Zivilisation an ihr Ende zu bringen droht. Ich spreche auch vom Scheitern des Konsumismus *nach seinen eigenen Maßstäben.*

Die Konsumkultur scheint eine Art spirituelles Unwohlsein zu verbreiten, eine apathische Traurigkeit der Seele, weil mehr und mehr Menschen entdecken, dass materielle Dinge das menschliche Sinnbedürfnis nicht zu befriedigen vermögen. Man braucht nur einfach jemandem in die Augen zu schauen, der montagmorgens zur Arbeit fährt, um seine entfremdete Existenz unter kapitalistischen Bedingungen zu fristen – die Gesichter der Menschen scheinen manchmal fast unmerklich von Resignation gezeichnet zu sein. Irritierenderweise bemerken wir vielleicht, dass sich in ihren Augen nur die flackernde Verzweiflung widerspiegelt, die man in unseren eigenen Augen wahrnehmen kann. Es scheint auch so zu sein, dass die Überfülle an Dingen in Konsumgesellschaften, wie der Technologieprognostiker Paul Saffo behauptet, bloß neue Mängel hervorgebracht hat: eine existentielle Leere, die mit irgendwelchem Kram schlicht nicht auszufüllen ist. Wir zerstören den Planeten, und wofür? Wessentwegen? Und zu welchem Zweck?

Das mag sich alles sehr deprimierend anhören, und das ist es auch. Aber verborgen in dieser Kritik am Konsumismus liegt

87

auch eine Hoffnungsquelle. Wenn es der Fall ist, dass Menschen besinnungslosen Konsum einfach nicht allzu erfüllend finden, eröffnet dies einen Raum für eine Neubestimmung unseres Verhältnisses zur materiellen Kultur und eigentlich auch für ein besseres Leben mit weniger Konsum. Die Begriffe Maßhalten, Angemessenheit und Genügsamkeit haben eine lange und ehrwürdige Tradition in der Philosophiegeschichte. Dabei denkt man in erster Linie an Äußerungen von Diogenes, Sokrates und den Stoikern, ganz abgesehen von der großen Bandbreite spiritueller Traditionen und indigener Kulturen, die vor den Gefahren des Materialismus gewarnt haben. Es scheint, dass diese ganz unterschiedlichen Denker und Denktraditionen uns etwas Wesentliches darüber mitzuteilen haben, wie man den heutigen (und morgigen) Herausforderungen gerecht werden kann.

READ: Sicher! Und ja, es ist äußerst wichtig und gibt Hoffnung, dass uns der Konsumismus nicht glücklich macht. Wenn er es täte, hätten wir *wirklich* ein Problem! Denn dann hätten wir erheblich größere Not, gemeinsam der Tretmühle zu entkommen. Aber glücklicherweise beginnen die Menschen allmählich schmerzhaft zu begreifen, dass Besitzindividualismus ein Rezept für kollektive Trübsal ist, abgesehen davon, dass er auch ein Rezept für eine Umweltkatastrophe ist. Wenn unsere Kultur sich diese Wahrheit wirklich zu eigen macht, wird sie sich verändern.

Ein solcher Wandel stützt sich (natürlich!) auf den gesunden Menschenverstand, nach dem das, was für die meisten von uns zählt, nicht irgendwelches Zeug ist; es sind die Familie und Freunde, die Natur, der Frieden, unsere Werte. Wir sind gespalten in diesen Commonsense auf der einen und die Ideologie von Wachstum und mehr auf der anderen Seite.

Wie ich bereits gesagt habe, erleben wir dadurch eine Krise, die eine *spirituelle* Dimension hat. Wir verschrotten den Planeten – und unsere Zukunft – und werden in diesem Prozess nicht glücklich. Wenn wir von den Stoikern lernen würden – oder von Jesus oder Buddha oder Lao-Tse –, würden wir das verstehen und ein einfacheres, ruhigeres Leben anstreben, das mit großer Wahrscheinlichkeit auch ein glücklicheres wäre.

Denn natürlich kann einen nichts glücklich *machen*. Das Streben nach Glück ist ein fragwürdiges Unterfangen. Strebe nach Liebe, nach Weisheit, nach Bodenständigkeit, unterstütze andere – und die Frage nach dem Glück hat sich von selbst erledigt. Aber uns wird beigebracht, dass man alles kaufen kann und dass Kaufen alles ist. Uns wird beigebracht zu *haben* (oder etwas haben zu *wollen*), nicht zu *sein*. Und deshalb sind wir zu oft unglücklich und fühlen uns sinnentleert.

Ich erinnere mich an eine Szene in einem Supermarkt, deren Zeuge ein Kollege von mir wurde und an die ich immer wieder denken muss. Ein kleines Kind brüllte seine Mutter an: »Ich will, ich will, ich will!« Die Mutter fragte: »Was ist das, was du willst? Wovon möchtest du, dass ich es für dich kaufe?« Das Kind antwortete, in noch verzweifelterem Ton: »Ich weiß es nicht!« Wir versuchen, das Loch in uns mit Dingen vollzustopfen. Aber alles, was wir hineintun, stachelt nur dieses unendliche Verlangen weiter an.

Aber ich glaube, es ist wichtig, dafür nicht den Konsumenten die Schuld zu geben. Ich behaupte, dass in erster Linie die *Produzenten* – und die Werber – daran die Schuld tragen. Der Begriff des »Konsumismus« ist außerordentlich hilfreich für diejenigen, die uns etwas verkaufen wollen, denn es sieht so aus, als würden sie nur nach unserer Pfeife tanzen. *Wir* sind scheinbar die Handelnden, *sie* befriedigen nur *unsere* Wünsche und Bedürfnisse. Das ist genau die Art und Weise, wie die Mainstream-Ökonomie die grundlegende Natur des menschlichen Austausches charakterisiert: Es handelt sich um eine Angelegenheit von Nachfrage und Angebot. Das Angebot existiert angeblich nur zur Befriedigung der Nachfrage.

Ich vertrete die Meinung, dass der »Konsumismus« Bestandteil eines falschen Bewusstseins und tatsächlich ein Werkzeug für unsere fortgesetzte Halbversklavung ist (gegenüber unseren Begierden).[74] Der wirkliche Anstoß, durch den wir »Konsumenten« werden, geht von den Produzenten aus (mittels Marketing).[75] Es sind die Produzenten, die uns Dinge verkaufen müssen, um daraus Profit zu generieren – und der effektivste Weg, das zu bewerkstelligen, ist, in uns künstlich ewig wachsende »Bedürfnisse« zu erzeugen. An diesem Punkt kommen Marketing und Werbung ins Spiel. Sie sind der Vertriebsarm der Produzenteninteressen in unserer Gesellschaft. Sie machen uns zu Konsumenten. Die Mainstream-Ökonomie verbirgt diese Wahrheit hinter der Rhetorik, dass der individuelle Konsument der »Pull«-Faktor zu Beginn des ökonomischen Austausches sei. Aber in Wirklichkeit dominiert der »Push«-Faktor – die Produzenten schieben uns ihre Waren kontinuierlich, mittels tausender codierter Mitteilungen am Tag, zu. Sie versuchen sogar zu erreichen, dass wir uns selbst die Schuld für das Problem der Müllentsorgung anlasten, das solch unendliche Warenzufuhr notwendig mit sich bringt: Wenn man der Regierung und den Konzernen glaubt, kommt man nicht auf die Idee, dass der bei weitem größte Anteil an der Müllmenge aus der Wirtschaft stammt, nicht aus den Haushalten.

Unsere Wirtschaft, unser System, unsere Welt sind nicht wirklich »konsumistisch«. Sie sind produzistisch. Der Kapitalismus ist ein produzistisches System. Sein genialstes Produkt, seine größte Leistung, seine Ausgangslüge, ist die Produktion von Individuen, die bereit sind mitzumachen, dafür dankbar sind und seine wahre Natur nicht erkennen. Sein höchstes Produkt sind nämlich die Konsumenten. Der Kapitalismus verwandelt Sie und mich in Konsumenten. Der Produzismus ist ein System – unser System –, dessen Krönung das Verbergen seiner wahren Natur gegenüber seinen Arbeitern und seinen Kunden auf unterster Ebene ist (denen gegenüber er sich verwandelt, um seine Produkte verkaufen zu können, d. h. uns). Und zwar so, dass es zum anerkannten Grundwissen gehört – und sogar zu einer Art pseudo-linker oder pseudo-ökologischer Überzeugung wird –, dass wir in einer »konsumistischen« Gesellschaft leben.

Das raffinierteste Produkt des Produzismus ist der Konsumismus selbst: die Produktion von Konsumenten, von Leuten, die als Begehrens-Maschinen immer mehr wollen, unerschöpfliche »Bedürfnisse« haben und den vermeintlich grenzenlosen

Bedarf an der Ausweitung der Wirtschaft vorantreiben (und dabei immer stärker unsere Ökosysteme aufbrauchen: denn das ist es, worum es sich beim Produzismus wirklich handelt).

Die produzistische Ideologie trägt eine große Verantwortung für die Situation, in die wir gebracht worden sind. Mein Ansatz ist, den »Konsumenten« (das sind die Bürger, Menschen) mein Mitgefühl zu schenken. Solange wir uns selbst für »Konsumenten« halten, geben wir den Opfern die Schuld.

Kultur und politische Ökonomie 16

ALEXANDER: Unser Gespräch gelangt jetzt auf ein wirklich interessantes und wichtiges Feld, sowohl hinsichtlich dessen, wie man die aktuellen Probleme auffassen und begreifen muss, als auch, wie der Übergang in eine andere Gesellschaft oder ein anderes System sich entwickeln könnte. Lassen Sie uns einige dieser Fragen später besprechen. Erlauben Sie mir, falls Sie einverstanden sind, eine etwas ausführlichere Stellungnahme.

Im Jahr 2006 begann ich mit dem Verfassen meiner Doktorarbeit über *Degrowth*, unter dem Titel *Property beyond growth: Toward a politics of voluntary simplicity*. Ich war so etwas wie ein Spinner an der rechtswissenschaftlichen Fakultät, weil ich mich mit radikaler gegenkultureller Literatur zum Thema Nachhaltigkeit beschäftigte – im Rückgriff auf Schriften von Henry David Thoreau bis zum Club of Rome –, diese aber durch die strukturelle Brille von Rechtstheorie und politischer Theorie las, wobei ich auch Einsichten von Marx und aus der Theorie sozialer Bewegungen miteinbezog.

Ich kam zu der Erkenntnis, dass es im Wesentlichen zwei Denkschulen bezüglich des Naturschutzes gibt, die man grob als Kritik des »Konsumismus« auf der einen und Kritik des »Produzismus« auf der anderen Seite bezeichnen könnte. Die Vertreter der ersteren Richtung vertraten die Ansicht, dass Individuen in wohlhabenden Gesellschaften sich dafür entscheiden, überzukomsumieren, dabei die Umweltprobleme verschärfen und so viel für sich selbst vereinnahmen, dass für andere, die wirklich in Not sind, wenig übrig bleibt. Aus dieser Perspektive scheint die angemessene Antwort zu sein, so weit ist das schlüssig, dass diejenigen, die überkonsumieren, weniger konsumieren sollten. Das würde die Folgen für die

Umwelt verringern und denjenigen, die in Armut leben, mehr Ressourcen übrig lassen; und viele aus dieser weitgefächerten Denkrichtung behaupteten, dass die Reduzierung und nachhaltige Ausrichtung des Konsums vielfach auch zu einem verbesserten Wohlbefinden führen würden – also galt es keine Zeit zu verlieren!

Wie auch immer, aus einer anderen Perspektive – derjenigen, die Sie als Kritik des »Produzismus« umrissen haben – gibt es zunehmend eine Wahrnehmung der *systemischen* Dimensionen des Problems. Politische Ökonomen beschäftigten sich mit der Literatur zu »nachhaltigem Konsum« und »freiwilligem Verzicht« und wiesen sie als naiv zurück: Es würde nicht erkannt, dass die Probleme systemischer Art seien und daher eine systemische Antwort erforderten, nicht bloß eine Veränderung des Lebensstils. Diese Kritik war und ist oft vernichtend, insbesondere für die frühen, »hellgrünen« Umweltschützer der Sechziger- und Siebzigerjahre, die glaubten, wir müssten doch dazu in der Lage sein, den Konsum innerhalb des bestehenden Systems zu reduzieren oder »grüner« zu machen – das Licht ausschalten, kompostieren und recyceln –, und damit den Planeten retten können.

Die wesentliche Einsicht des Produzismus-Ansatzes ist, wie Sie exakt ausgeführt haben, dass die Wurzeln der Umweltkrise in den Produktionssystemen liegen und nicht so sehr in den Konsumkulturen. Im Grunde genommen ist klar, dass unsere Konsumpraxis sich immer innerhalb von einschränkenden Strukturen bewegt, und diese Strukturen machen manche Lebensweisen einfach und notwendig und andere schwierig oder unmöglich. Gegenwärtig ist aufgrund der Strukturen des wachstumsbasierten Kapitalismus der Konsumismus für die meisten Menschen in den Wohlstandsgesellschaften die vorgegebene Art zu leben. Zum Beispiel ist es sehr mühevoll, auf ein Auto zu verzichten (falls eine Person das möchte), wenn keine adäquaten öffentlichen Verkehrsmittel oder sichere Fahrradwege bereitgestellt werden und gleichzeitig das Leben so eingerichtet ist, dass man nicht alles, was man braucht, in unmittelbarer Nähe bekommt. Es nützt nichts, die Leute aufzufordern, ihr Auto stehenzulassen, wenn dies die einzige Möglichkeit bietet, zur Arbeit zu gelangen und sich und die Familie zu versorgen. Derartige Beispiele könnte man noch endlos hinzufügen, um zu zeigen, wie schwierig es ist, weniger zu konsumieren, wenn die gesellschaftliche Struktur auf die Maximierung von Wachstum und Konsum ausgerichtet ist. Das Problem, dass der Konsument quasi »gefangen« ist, ist sehr real. Es ist also deutlich, dass es viel zu kurz greift, wenn man die Dinge nur aus dem Blickwinkel des Konsums betrachtet.

Aber ich habe das Gefühl, dass auch in den Beiträgen zum Produzismus häufig etwas fehlt, und bin neugierig auf Ihre Einschätzung. In meiner Dissertation – und in vielen Publikationen seitdem – habe ich eine Synthese dieser beiden kritischen Standpunkte umrissen, ein Vorhaben, das durch den Untertitel meiner Doktorarbeit nahegelegt wird: »Hin zu einer Politik des freiwilligen Verzichts«. Mein Hintergrund in Rechtstheorie und politischer Theorie ermöglicht mir einen Zugang zu den strukturellen Problemen, die der Produzismus-Ansatz hervorhebt; aber da ich mich lange mit der Theorie und Praxis von sozialen Basisbewegungen (und dabei auch mit den Perspektiven nachhaltigen Konsums) beschäftigt habe, habe ich mir die Frage gestellt, *wie sich Strukturen verändern*. Und dabei ist es wichtig, das Verhältnis zwischen Kultur (inklusive der Konsumkultur) und politischer Ökonomie (dem kapitalistischen System) zu bedenken.

Wenn man sich mit der Frage der Veränderung von Strukturen befasst, muss man einräumen, dass wir eine Zeit der fast verzweifelten politischen Lähmung erleben, in der Regierungen verbissen am Wachstumsmodell des Fortschritts festzuhalten scheinen. Es gibt viele Regierungen, die den Übergang in eine Postwachstumsgesellschaft unterstützen könnten, aber die Staatsführungen überall auf der Welt scheinen nicht willens oder nicht in der Lage zu sein, die Wachstumsökonomie und ihre fossilen Grundlagen zu überwinden. Wenn wir uns also nicht auf die staatliche Lenkung verlassen können, wie wird sich das System dann verändern lassen? Es genügt nicht zu sagen, das System müsse sich wandeln.

Auch wenn es gegenwärtig in Mode ist, persönliches, häus-
liches oder gemeinschaftliches Handeln – Konsumverzicht eingeschlossen – abzutun, weil es politisch ineffizient sei und man
so die Krise aufgrund ihrer systemischen und strukturellen
Natur nicht bewältigen könne, behaupte ich, dass man so weder
verstehen noch erklären kann, wie Strukturen sich verändern.
Ich erkenne und akzeptiere die systemische Natur der Krise,
der sich unsere Spezies gegenübersieht, aber ich argumentiere,
dass es niemals zu einer Postwachstumspolitik oder -ökonomie
kommen wird, bis es eine Kultur gibt, die das einfordert, und
Kultur ist das Produkt unzähliger Handlungen und Praktiken,
kleinerer wie größerer. Es gibt sicher strukturelle Zwänge, aber
es verbleibt nichtsdestotrotz ein Bereich von Freiheit innerhalb
dieser (kontextabhängigen) Zwänge, in dem Handlungsfähigkeit gegeben bleibt. Die Dimension des Haushalts oder der Ge-
meinde auszublenden ist deshalb gleichbedeutend damit, die
Grundlagen der Polis auszublenden.

Noch einmal: Politische Ökonomen, die die systemische
Natur der Probleme betonen, haben recht – die Probleme *sind*
systemisch –, aber werden dadurch Individuen und Haushalte
zu machtlosen Opfern? Nein, das glaube ich nicht. Letztendlich
haben die *Menschen* die Macht, und der einzige Weg, auf dem
sich das System verändern lässt, ist, dass Menschen sich an der
Basis in sozialen Bewegungen engagieren, um das System »von
unten« durch partizipatorische Demokratie und gemeinsame
Aktion zu verändern. Kandidaten zu wählen, die einen grünen
Wandel versprechen, mag davon ein Teil sein, aber eben auch
nur ein Teil. Auf Regierungen zu warten wäre wie Warten auf
Godot – eine Tragikkomödie in zwei Akten, in denen zweimal
nichts passiert, bevor der Vorhang fällt.

Kurz, ich stehe auf dem Standpunkt, dass es keine Makroökonomie und Politik jenseits des Wachstums geben wird, bis
eine Kultur der Suffizienz sie einfordert. Wir – die gewöhnlichen Leute – müssen einen nachhaltigen Lebensstil vor-
machen, soweit wir das können, in unserem eigenen Leben
und in unseren Gemeinschaften, und wir müssen anstreben,
hochgradig regionalisierte Wirtschaften aufzubauen, die auf

Suffizienz, Solidarität und Maßhalten gegründet sind. Das heißt nicht, dass der Staat oder die Regierung keine Rolle in dem notwendigen Übergang spielen; es bedeutet nur, dass ein postwachstums- oder postkapitalistischer Staat nicht der primäre *Vorantreiber* der neuen Gesellschaft sein wird, sondern eher die *Folge* einer sozialen Bewegung, die neue Strukturen und Kulturen innerhalb der Hülle des existierenden Systems aufbaut und dieses dann irgendwann ersetzt.

Dies sollte nicht als unmittelbare, konsumbezogene »Lösung« für die Probleme der Überproduktion aufgefasst werden, sondern als notwendige Grundlage, um eine neue Kultur der Suffizienz zu schaffen, die jeder neuen Politik oder Ökonomie der Suffizienz vorausgehen muss. Aus diesen Gründen bevorzuge ich weder eine Antwort von der Nachfrageseite her (neue Konsumkulturen) noch von der Angebotsseite (neue Produktionssysteme). Wir benötigen beides, aber meiner Ansicht nach muss Ersteres das Letztere vorantreiben.

Wie sehen Sie das Verhältnis zwischen Kultur und politischer Ökonomie? Welche Rolle müssen die gewöhnlichen Leute dabei spielen, einer neuen Welt durch vorbildhaftes Handeln zur Geburt zu verhelfen?

READ: Ich stimme Ihnen in den meisten Punkten völlig zu. Eine allein »konsumistische« Analyse ist hoffnungslos: Sie reflektiert liberal-individualistische Wertvorstellungen in unserer Gesellschaft, die entpolitisierend wirken und eine wirkliche Veränderung unmöglich machen. Denn eine wirkliche Veränderung (im Gegensatz zu bloßem Flickwerk oder bloßem »Anstupsen«, die zum gegenwärtigen historischen Zeitpunkt völlig inadäquat sind) bringt immer auch einen *sozialen* Wandel mit sich; das bedeutet auch, dass die Menschen begreifen, dass sie (wir) eine Veränderung nur *gemeinsam* auf den Weg bringen können, als Teile eines größeren Ganzen. Das wirklich Fatale an dem von einem »grünen Konsumenten« ausgehenden Ansatz ist, dass damit eine Art systematisches Schuldzuschieben verbunden ist, das entpolitisiert. Sicher, wir sollten unnötige Flüge zu vermeiden suchen; aber weitaus bedeutender als unsere eigene Entscheidung, ob wir fliegen oder nicht, ist die Einrichtung von so etwas wie einer Vielfliegersteuer, national und international.

Vor zehn Jahren, Sam, hätte ich Ihre Behauptung, dass eine »produzistische« Analyse auf makroökonomischer Ebene nicht ausreicht, zurückgewiesen. Aber inzwischen ist deutlich geworden, dass sie tatsächlich nicht ausreicht, weil wir in unserer Trägheit in eine Situation hineingeraten sind, in der es, wie Sie sagen, angesichts des benötigten Zeitrahmens unrealistisch ist, mit einem ausreichenden politisch-ökonomischen Wandel auf einer makroökonomischen Ebene zu rechnen. Wir können auf einen solchen Wandel *hoffen* und ihn auch *anstreben*, aber darauf zu *setzen* ist mittlerweile töricht geworden.

Dies ist einer der tieferliegenden Gründe dafür, dass das, was Sie gesagt haben, im Wesentlichen richtig sein muss: Wir müssen die Keime für ein neues System auf lokaler Ebene und innerhalb der Hülle des alten Systems legen, und zwar aufgrund der hohen Wahrscheinlichkeit, mit der das alte System, im größeren Maßstab und vielleicht katastrophal, scheitern wird. Wir brauchen daher *gute Beispiele*, die in einem solchen Fall auf den größeren Maßstab übertragbar sind; und wir benötigen *Inseln der Überlebensfähigkeit*, die weitermachen können, wenn der Kollaps rasch und nahezu total verläuft. Darin liegt, so sehe ich es, die primäre Bedeutung der *Transition Towns*, des größten Teils der schon existierenden Permakulturen, der Ökolandwirtschaft usw.

Hoffentlich gestalten solche Ansätze die Transformation unserer Gesellschaft und treiben sie voran. Sie zeigen zugleich, was möglich ist, erfüllen den Wandel mit Leben und demonstrieren seine Notwendigkeit. Und bis es so weit ist, tragen sie zu einem angenehmen Leben bei (man erinnere sich daran, wie genussvoll der einfache Zugang zu wohlschmeckenden Lebensmitteln ist, die auf befriedigende Weise angebaut oder von eigener Hand geerntet wurden), und sie sind moralisch vertretbar. Aber der doppelte Zweck, dem sie dienen, besteht auch darin, uns auf die beispiellosen Stürme vorzubereiten, die uns fast sicher erwarten werden. Sie können den Keim für eine zukünftige Zivilisation legen, die das überleben und sich aus der Asche der kollabierenden hegemonialen Zivilisation erheben könnte.

Währenddessen wäre es ein strategischer Fehler, Politik und Handeln auf Systemebene aufzugeben, wie es zu viele Anhänger der Permakultur, Gärtner und selbst Aktivisten (vielleicht verständlicherweise) versucht sind zu tun, ganz zu schweigen von den »Doomers«. Was viele aus der *Transition-Towns*-Bewegung zu ihrem Leidwesen festgestellt haben, ist, dass vieles von dem, was sie verändern möchten, sich nicht verändern lässt, wenn das politisch-ökonomische System unverändert bleibt. Man kann nicht das Leben vor Ort vorbildhaft wieder auf das Gehen, Fahrradfahren und Reiten ausrichten, wenn gewählte Politiker weiterhin das Auto anbeten. Ihre Solidarische Landwirtschaft kann scheitern, wenn sie durch billige Importe unterboten wird, usw.

Wir brauchen kraftvolles, radikales Handeln auf *allen* Ebenen: Wir brauchen zu dieser Zeit überall gute Leute, die ihre Ersparnisse in fundamentale Anliegen stecken, die für das Parlament kandidieren, die ihren Kopf hinhalten, die sich auf Kleinbauernhöfen und in der Nahrungsmittelproduktion engagieren, die Orte zum Leben ersinnen, die im Fall eines sozialen Zusammenbruchs resilient sind, die sich ihre berufliche Karriere anschauen und sich fragen, was sie Besseres mit der uns noch verbleibenden Zeit anfangen könnten, und anderes mehr. Es wäre ein völliges Missverständnis meiner Behauptung, dass diese Zivilisation am Ende ist, wenn man daraus den Schluss zöge, dass wir auf Wahlen ausgerichtete Politik aufgeben sollten. Aber gleichzeitig wäre es vollkommen unverantwortlich, so spät wie es ist, sich auf Parteipolitik oder überhaupt auf irgendeine Politik, die uns beistünde, *zu verlassen*. Deshalb benötigen wir jetzt *Extinction Rebellion* und *deep adaptation*. (Und es ist wichtig, dass XR sowohl eine transformative als auch eine fundamentale Anpassung fordert und zu initiieren sucht, statt sich auf Forderungen nach einer Abmilderung der Klimafolgen zu verlassen.) Und, wie Sie sagen, Sam, Parteipolitik in einem Vakuum ist unpolitisch. Welche Chancen wir auf eine Transformation der richtigen Art haben, hängt definitiv von einer Kultur durchgreifenden Handelns auf lokaler Ebene und von freiwilliger Genügsamkeit ab (was wiederum Mittel freisetzen kann für die Fälle, in denen Unterstützung benötigt wird, weil wir unsere individuellen und familiären Bedürfnisse vereinfachen und herunterschrauben).

Wir sind dazu aufgerufen, zu revoltieren. Diese Revolte muss in unseren Köpfen stattfinden, in unseren Herzen, in lokalen Gemeinschaften und quer durch das Land und die Kontinente. Sie braucht und bedeutet kulturelle Aktivitäten, intellektuellen Wandel, politisches Handeln, alles.

Ich möchte gern jede Leserin und jeden Leser, der uns bis hierher gefolgt ist, bitten, sich ernsthaft darüber klar zu werden: Was werden Sie tun, um das zu verwirklichen, was jetzt verlangt ist? Wie können Sie Ihr Geld oder Ihr Leben (oder beides!) einsetzen, um ein wenig Licht in die Dunkelheit dieser Zeit zu bringen?[76]

Der Neubeginn ist nah

ALEXANDER: Wir begannen diesen Dialog damit, dass Sie über die Möglichkeit – oder Wahrscheinlichkeit – sinniert haben, dass »diese Zivilisation am Ende ist«, und wir haben jetzt weitläufige Felder durchquert, um einige Konsequenzen dieser herausfordernden These zu erörtern. Da unser Gespräch sich dem Ende zuneigt: Mit welchem Schlusswort möchten Sie unsere Leser zurücklassen, die sich jetzt daranmachen werden, einige der unangenehmen Aussichten, über die wir diskutiert haben, zu durchdenken? Kann die Akzeptanz dessen, dass diese Zivilisation am Ende ist, ein Weg zur Stärkung, zur Ermächtigung statt zur Entmachtung sein?

READ: Im Grunde genommen wirkt die Akzeptanz dessen, dass diese Zivilisation am Ende ist, auch wenn sie zunächst desorientierend und sicherlich emotional eine Herausforderung ist, befreiend. So ging es mir jedenfalls; und so ging es vielen, die meine Vorträge live oder auf Video gehört und mir dies bezeugt haben, wovon ich überrascht und wofür ich dankbar bin.

Sie wirkt befreiend, insofern wir von der hoffnungslosen Vorstellung befreit sind, dass die Party so weitergehen kann. Wir sind befreit von den üblen Lügen vom »grünen Wachstum« und der betäubenden Rede von »nachhaltiger Entwicklung«. Solche Fantasien haben verständlicher-, aber schädlicherweise viel zu lange und viel zu sehr die Aufmerksamkeit und den Aktivismus von Naturschutzorganisationen und den meisten Grünen-Politikern bestimmt. Wir können sie jetzt loslassen. Wir sind stattdessen frei, uns zu bemühen, eine Heiligkeit im Leben zu finden und freiheraus uns Praktiken und Standpunkte anzueignen, die hinreichen, um uns von dem tödlichen Kurs abzubringen, auf dem wir uns gegenwärtig befinden.

Darüber hinaus sind wir von der Annahme befreit, dass es im Leben darum geht, eine gute Zeit bis zur Rente zu verbringen; denn wir können nicht länger davon ausgehen, dass unsere Zivilisation noch existieren wird, wenn wir einmal alt sind. Wir sind davon befreit, zu glauben, dass wir uneingeschränkt dem Gesetz zu gehorchen haben; denn wie kann das geltende Recht für uns bindend sein, wenn es uns und unsere Kinder auf die Verwüstung verpflichtet? Angesichts der Realität der Klima-Nemesis und des sechsten Artensterbens empfinden wir Schrecken, Trauer und Verzweiflung. Aber dies muss uns nicht auf unbestimmte Zeit umfangen. Stattdessen können wir in dramatischer Weise befreit und ermächtigt/gestärkt werden.

ALEXANDER: Eine letzte Frage: Wer ist dieses »Wir«, das Sie fortgesetzt heraufbeschwören?

READ: Ich glaube, dass die *Menschheit* dafür verantwortlich ist, wiedergutzumachen, was sie sich hat zuschulden kommen lassen.

Zum gegenwärtigen Zeitpunkt sollte die Verantwortung natürlich ungleich verteilt werden. Diejenigen, die den Ertrag aus dem in der Vergangenheit geschehenen Unrecht genießen, sollten zum Beispiel mehr Verantwortung schultern. In Großbritannien, dem Ort, von dem aus ich schreibe, sollten wir uns der Herausforderung stellen und einen größeren Anteil anerkennen, weil wir daraus Vorteile gezogen haben, dass wir als Erste mit der Industrialisierung begonnen haben. Darüber hinaus sollten diejenigen, die über im Grunde unrechtmäßig erworbene Gewinne verfügen – zum Beispiel die, die davon profitiert haben, dass sie in der Vergangenheit fossile Treibstoffe verbrannt haben, ganz abgesehen von denen, die bewusst Lügen über ihre Verantwortung für den daraus entstandenen Schaden zu verbreiten suchen –, noch erheblich mehr Verantwortung tragen. Gleichzeitig gibt es ganz klar einige, die in dieser scheiternden Zivilisation offensichtlich schuldlos ganz unten im Elend festhängen: das neugeborene Kind einer armen Familie, eine hungernde Mutter im Jemen.

Aber während es richtig ist, solche Unterscheidungen zu treffen und sie in Anschlag zu bringen, müssen wir auch anerkennen, dass wir unter dem Strich in der Zukunft zusammen sein oder überhaupt nicht mehr sein werden. Nicht einmal die Superreichen werden dazu in der Lage sein, das, was kommt, zu überleben, wenn es sich dabei um einen globalen klimatischen Kollaps oder einen Zusammenbruch der Ökosysteme handelt. Sicher, sie holen vielleicht ein paar Monate heraus, Jahre, vielleicht sogar Jahrzehnte. Aber in Wahrheit gibt es in einer Zukunft, die so aussieht, wie es in *Die Straße* beschrieben wird, keine Gewinner. Was am Ende überlebt, sind unsere Werte und unsere Kinder (und deren Kinder usw.). Wenn wir das menschliche Abenteuer beenden, wenn wir das verwegene Experiment der Zivilisation abschließen, wird dieser Abschluss für die Reichen wie für die Armen endgültig sein. Die reiche Elite sollte sich das klarmachen und ihre Vermögen jetzt dazu einsetzen, eine gemeinsame Zukunft zu schaffen, und nicht darüber herumfantasieren, dass ihre Nachkommen es in einer Welt ohne Bienen und ohne Eis schon schaffen werden.

Deshalb glaube ich, ganz ehrlich, dass wir am Ende alle gemeinsam im selben Boot sitzen. Klimaverbrecher sollten zur Verantwortung gezogen werden, im Gegensatz zu denjenigen, die nur sehr wenig zur Umweltkrise beigetragen haben; aber letztendlich helfen uns gegenseitige Schuldzuweisungen nicht sehr viel weiter. Wir werden überleben und vielleicht sogar eine Blütezeit erleben, indem wir besser lernen, Gemeinschaften zu bilden, oder wir werden nicht überleben.

Letztendlich ist mein Gebrauch des Begriffs »wir« also sehr weit gefasst. Natürlich ist es am Ende – und das ist entscheidend – ein »wir« *per Einladung*.[77] Das Anliegen dieses Buches, dieses Gesprächs ist es, die Leserinnen und Leser dazu einzuladen, sich einem Projekt zur Rettung unserer gemeinsamen Zukunft anzuschließen, soweit es geht.

Denn wir leben zwar in dem, was manche das »Empire« nennen, aber das ist ein Papiertiger. Es hat ein Ablaufdatum.

Wie William Blake es einst prophetisch ausgedrückt hat, wird bald gelten:»die Weltherrschaft (Empire) ist vorbei, und jetzt werden der Löwe und der Wolf aussterben«.[78] Wenn wir es nicht schaffen, diese Zivilisation zu transformieren oder wenigstens Rettungsboote zu bauen, um bewahrenswürdige Werte während der gewaltigen Todeskämpfe, die ihr Kollaps auslösen wird, zu retten, werden sie das nicht tun. Stattdessen werden wir, als Teil einer Abwärtsspirale, eine Zeitlang neuen Mini-Wölfen und Mini-Löwen unterworfen sein, neuen Mini-Herrschaften von sehr unangenehmer Art: vielleicht Warlords oder die Art von Geschöpfen, in die sich, wie in *Die Straße* imaginiert, die Mehrzahl der zukünftigen Menschen dann verwandelt haben wird.

Wir sind auf dem Weg in eine solche Zukunft. Aber in solch schrecklichen Gedanken – in solchen Realitäten – kann, so habe ich argumentiert, auch unsere mögliche Erlösung gefunden werden. Der Einsatz ist klar. Wir sind voll und ganz von domestizierten Hoffnungen befreit: auf eine normale Karriere, ein sicheres Alter, ständig steigende Immobilienkurse. Wir sind befreit vom Druck durch die Kollegen, von Erwartungen an »Normalität«. Wir sind frei, einen couragierten Lebensweg einzuschlagen, wie er von *Extinction Rebellion* entworfen und bekundet wird. Wir sind frei, und zwar auf die Weise frei wie in dem rückhaltlos ehrlichen Dialog, zu dem Sie mich zur Eröffnung unseres Gesprächs eingeladen haben, Sam, über die Realität des beginnenden Zusammenbruchs nachzudenken und Vorstellungen davon zu entwickeln, was danach kommt.

Ihr fabelhafter Ideenroman *Entropia*[79] stellt einen anschaulichen Weg vor, wie man einer Gesellschaft ihre Bedürfnisse bewusst macht und wie sie weitaus selbstverantwortlicher und weitaus weniger konsumtiv wird. Tragischerweise bleibt uns jetzt nicht mehr genügend Zeit, um in der wirklichen Welt ein solches Szenario auszuprobieren, wie Sie es in Ihrem Roman ausführen. Aber: Wir haben noch Zeit, ihn zu lesen. Und uns in Gespräche zu verwickeln, wie dieses Buch eines ist. Und das bedeutet, wir haben noch Zeit, gemeinsam die unrealistischen Hoffnungen fahren zu lassen, die wir viel zu lange zum Schein gehegt haben. Uns bleibt noch die Zeit, uns gemeinsam der Realität zu stellen. Und ihr entgegenzutreten.

Wie unsere obige Diskussion bezüglich des Sozialismus ergeben hat, ist die alte Links-rechts-Unterscheidung in der Politik zunehmend obsolet. Die wirkliche Trennlinie verläuft jetzt zwischen denen – noch ist das die riesige Mehrheit –, die glauben, wir könnten auf mehr als einem Planeten leben, und denen, die erkannt haben, dass unsere Politik, im weitesten Sinne des Wortes, ihren Sitz hier haben muss, in den bestehenden Ökosystemen, auf der Erde.[80] Die verrückten »Transhumanisten«, die sich in die Cloud hochladen oder gar die Erde gänzlich verlassen wollen, um andere Planeten zu kolonisieren, sind genau genommen *ehrlicher* als die »weiche« Mainstream-Variante der Klimaleugner, die davon fantasieren, wir könnten so leben, als hätten wir mehr als einen Planeten, und dennoch Menschen bleiben, die an der Nabelschnur von Mutter Erde hängen.

Die wirkliche Trennlinie in der Politik verläuft jetzt zwischen denen, die bereit sind, das Ende des Wachstumswahns zu akzeptieren und sich stattdessen eine Vorsorge-Ethik als neuen Commonsense zu eigen zu machen, und denen, die den Leichtsinn bevorzugen.[81] Zu glauben, dass alles, was entfernt dem Staus quo ähnelt, so weiterlaufen kann, *ist* leichtsinnig. Die Bezeichnung »Fortschritt« mag dafür benutzt werden, um den Leichtsinn zu adeln, aber tatsächlich ist solch eine Perspektive zutiefst rückwärtsgewandt: zurück zur herrlichen Ära, zurück zum Irrtum des industriellen Wachstumswahns. Eine Ära, ein Irrtum, der am Ende ist und der uns ein Ende setzen wird, wenn wir diese grundlegende Tatsache nicht akzeptieren; der grundlegende Wandel, den wir berufen sind, mitzuerleben und mitzugestalten.

Wenn wir einmal akzeptiert haben, dass diese Zivilisation am Ende ist, sind wir frei, einen neuen Anfang zu suchen. Zu suchen bedeutet: die nächste Zivilisation mitzugestalten (ob wir dafür durch eine Katastrophe gehen müssen oder nicht). Besser noch: Die Zukunft ruft uns dazu auf. Die Liebe und der Mut, die wir *sind*, fordern nicht weniger als das. Die Alternative ist zu schrecklich, um *nicht* den Mut aufzubringen, darüber nachzudenken. Wir sehen einem unkontrollierten Zusammenbruch – der zum Bürgerkrieg oder zu außer Kontrolle geratener globaler Überhitzung und vielleicht insgesamt zur Auslöschung der Menschheit führen kann – ins Auge.

Und folglich *tun wir, was nötig ist,* damit das nicht zu unserem Schicksal wird.

Nachwort

von Helena Norberg-Hodge

Ich habe die Ehre, mit Samuel und Rupert zusammenzuarbeiten, beide zählen zu meinen Freunden und sind Menschen, für die ich großen Respekt empfinde. Sie gehören zu den wenigen Wissenschaftlern, die den Mut haben, über die Grenzen enger Spezialisierung hinauszugehen, ihre Meinung zu äußern und das herrschende Narrativ zu hinterfragen.

Die Krise unserer Zivilisation zwingt uns alle dazu, nach den Ursachen für unsere globalen Probleme zu suchen, was uns wiederum über den Reduktionismus, über einfache Antworten hinausführt und in Frage stellt, was wir eigentlich unter »Fortschritt« verstehen. Wenn man genauer hinschaut, kommt man zu dem Ergebnis, dass »Fortschritt« eigentlich ein Wandel ist, der von einem globalen technisch-ökonomischen System bewerkstelligt wurde – ein System, das inzwischen alles Leben auf der Erde bedroht. Während Samuel und Rupert in diesem Zusammenhang den Begriff »Zivilisation« benutzen, bevorzuge ich den Ausdruck »technisch-ökonomisches System«, weil dieser uns dabei hilft zu verstehen, dass das Problem nicht an der menschlichen Gesellschaft an sich liegt, sondern eher mit dem inhumanen System zu tun hat, das uns aufgezwungen worden ist. Wenn wir uns mit den Strukturen dieses Systems vertraut machen – seinen Triebkräften, seinen Mechanismen und seinen Folgen –, wird uns klar, dass es das Ergebnis einer Wirtschaftspolitik ist, die aus Verblendung und überholten kolonialen Anschauungen entstanden ist; sie ist weder alternativlos noch unveränderbar.

Es ist von entscheidender Bedeutung, zwischen zwei sehr unterschiedlichen Arten von Fortschritt zu differenzieren. Im Verlauf des letzten Jahrhunderts gab es verschiedene kulturelle Trends, die grundsätzlich als »fortschrittlich« bezeichnet werden können: Wir rücken zum Beispiel von der offenen Barbarei aus den Tagen des Kolonialismus ab und verkleinern das Bollwerk aus weißer Vorherrschaft und Patriarchat. Der Gang der Wirtschaft blieb jedoch von diesen sich verändernden Wertvorstellungen unberührt und steht weiterhin in einer Kontinuitätslinie mit dem Kolonialismus. Die Vermögensungleichheit hat Rekordausmaße angenommen und Sklaverei, kulturelle Zerstörung und Naturbeherrschung sind höchstens heimtückischer geworden. Von ihrer eigentlichen Begründung im Großbritannien des 17. Jahrhunderts an brach die globale Wirtschaft auf, um in lokale Ökonomien einzudringen und diese auszuhöhlen, den Reichtum herauszuziehen und sie in ein monokulturelles, zentralisiertes System zu verschmelzen. Ursprünglich geschah dies mittels Raub, Genozid und Sklaverei. Im Zeitalter der Moderne ist es für die Einzelnen im Zuge der immer stärkeren Spezialisierung innerhalb großräumiger technologischer Systeme zunehmend schwieriger geworden, die Auswirkungen ihrer Handlungen vollständig zu überblicken. Ob man Arbeiter, Konsument, Politiker oder Geschäftsführer ist, man kann eigentlich nie sicher sein, dass man der Umwelt oder Menschen auf der anderen Seite des Erdballs keinen Schaden zufügt. Als wären unsere Arme so lang geworden, dass wir nicht mehr sehen können, was unsere Hände anstellen.

Es ist das globale System, das wir sorgfältiger untersuchen müssen, um zu verstehen, was mit unseren Gesellschaften in den letzten drei oder vier Jahrzehnten geschehen ist. Ich möchte der Diskussion über das »Informationsdefizit« das Argument hinzufügen, dass ein Mangel an Informationen tatsächlich eine Angelegenheit von großer Bedeutung ist. Wir waren blind für das Funktionieren der sich globalisierenden Wirtschaft, für den kommerziellen Umbau unserer Gesellschaft und all seiner Institutionen – für die Entstehung einer De-facto-Weltregierung aus Konzernen und Banken. Die große Industrie hat es geschafft, ihrem Wachstumsparadigma zum Vorrecht zu verhelfen, indem sie nationale Regierungen davon überzeugt hat, eine Reihe von Handelsverträgen abzuschließen, die den multinationalen Unternehmen und Finanzdienstleistern den roten Teppich ausrollen, zu Lasten der Menschen und lokalen Gemeinschaften. Die Global Player bekamen grünes Licht für ihren Streifzug über den Globus auf der Suche nach der billigsten Arbeitskraft und der nachlässigsten Regulierung, während lokale Wirtschaften unterminiert, überreguliert und destabilisiert wurden.

Dies hat die Menschen überall auf der Welt in einen sich beschleunigenden Konkurrenzkampf getrieben, in dem selbst die Jobs der CEOs durch Megafusionen bedroht sind. Die Produktion praktisch unseres gesamten Bedarfs wurde den profitbesessenen Spekulationen fremder Investoren und Algorithmen unterworfen, die die ganze Welt auf eine energie- und ressourcenintensive, müllverursachende, mechanisierte Massenproduktion und den Handel über riesige Entfernungen ausrichten. Die Absurdität dieses Systems zeigt sich vielleicht am eindringlichsten am Phänomen des redundanten Handels: Länder importieren und exportieren regelmäßig identische Mengen identischer Produkte. Großbritannien beispielsweise *importiert* Hunderttausende Tonnen Milch, Brot und Schweinefleisch im Jahr, während es gleichzeitig Hunderttausende Tonnen Milch, Brot und Schweinefleisch im Jahr *exportiert*. Subventionen, Steuermittel und Regularien – Instrumente, die eigentlich uns zustehen sollten, um damit die Wirtschaft so zu gestalten, wie wir es für angebracht halten – wurden umgelenkt, um damit die Infrastruktur für eine ressourcenintensive, zentralisierte Wirtschaftskontrolle aufzubauen.

Dieser Blick auf das große Ganze ist uns nicht gewährt worden. Stattdessen wurde uns gesagt, dass es unsere Schuld sei, dass der Klimawandel sich verschlimmert; wir würden die Augen vor der Wahrheit verschließen, wären selbstsüchtig und nicht bereit zum Wandel. Die von Konzernen kontrollierten Massenmedien lenkten uns mit Skandalen aus der Welt der Schönen und Reichen und dem schizophrenen Schauspiel einer Politik nach dem Links-rechts-Schema ab. Obwohl das alles ziemlich verschwörungstheoretisch klingen mag: Wie ich oben habe anklingen lassen, ist es meine feste Überzeugung, dass selbst die CEOs und Entscheidungsträger derselben Verblendung ausgesetzt sind, die uns als Bürger bewegungsunfähig hält. Sie verheddern sich in Bürokratie, betrachten die Welt durch Abstraktionen und sind in Narrativen wie »Groß ist besser« und »Wachstum ist gut« gefangen.

Obwohl wir in unserem Leben häufig die Folgen einer systembedingten Störung zu spüren bekommen, haben bis vor kurzem nur wenige einen Zusammenhang zwischen den Problemen, denen wir uns auf persönlicher und auf globaler Ebene gegenübersehen, und dem Wirtschaftsmoloch, der mittlerweile den Globus beherrscht, hergestellt. Uns wurde nicht gesagt, dass das System, das den Klimawandel und die Artenvernichtung vorantreibt, faktisch dasselbe System ist, das die Kluft zwischen Arm und Reich vergrößert, Elend und Arbeitslosigkeit schafft und jeden von uns dazu antreibt, noch mehr und schneller zu arbeiten, nur um die Stellung zu halten. Diese Art der Verblendung diente dazu, uns voneinander getrennt zu halten, während wir uns gegenseitig Vorwürfe machen, uns über Einzelthemen streiten und von Identitätspolitik absorbiert sind und sich die eigentliche Erkrankung der Zivilisation dabei ausbreitet.

Die massenhafte Verunsicherung, die geschaffen wurde, als die dronenartige globale Wirtschaft die Menschen ihrer Lebensgrundlagen, Identitäten, ihrer Selbstachtung und der Kontrolle über ihr Leben beraubte, hat diese Menschen vergessen und desillusioniert zurückgelassen, zornig auf das »fortschrittliche«, urbane politische Establishment und gewillt, rechtsextreme Parteien zu wählen. Das Gespenst einer faschistischen Herrschaft in einer wachsenden Zahl von Ländern ist wohl beängstigender als das Gespenst des Klimawandels, nicht zuletzt, weil die Ächtung von Umweltschutz und Umweltprotesten droht. Aus diesem Grund ist es absolut wesentlich, dass wir uns eine Systemanalyse zunutze machen, um die wirtschaftlichen und sozialen Probleme, mit denen der marginalisierte Teil der Bevölkerung zu tun hat, mit unserer prekären ökologischen Lage in Verbindung zu bringen. Ich bin davon überzeugt, dass wir eine Kampagne brauchen, die unsere sozialen und ökologischen Krisen miteinander verknüpft und ihre systemische Ursache feststellt. Wir brauchen das, was ich einen »Aktivismus für das große Ganze« nenne, um genügend politischen Schwung aufzubauen, damit wir mit dem Klimawandel umgehen können.

Wir müssen versuchen, den Fokus zu vergrößern, um das System als Ganzes in den Blick zu bekommen und es in seinem historischen Kontext zu erfassen, und wir müssen von selbständigeren, vorkolonialen Praktiken und Weltbildern lernen. Dabei können wir auch unsere konventionellen Ansichten über Reichtum und Wohlergehen, Armut, Entwicklung und Mangel in Frage stellen: Sind wir wirklich, wie Bill Gates und Steven Pinker uns glauben machen wollen, die privilegierteste Generation, die jemals auf der Erde gewandelt ist? Können wir uns überhaupt vorstellen, wie viel wir verloren haben, als wir vom Land vertrieben und in seelenlosen Hochhausgebäuden zusammengepfercht wurden, abgeschnitten von der Gemeinschaft und von Entscheidungsbefugnissen? Wenn wir unsere Perspektive in diese Richtung ausweiten, bringt uns das auf die Spur einer reicheren Vorstellung dessen, was möglich und wünschenswert für die Zukunft unser Spezies wäre, jenseits einer westlich ausgerichteten und städtisch zentrierten Technikutopie, an die uns die Milliardäre aus dem Silicon Valley glauben machen wollen.

Es ist wahr, dass wir mit dieser Zivilisation nicht weiterkommen – wir benötigen einen grundlegenden Systemwandel. Es ist gleichermaßen wahr, dass dies eine fast ausschließlich gute Nachricht ist! Das Wachstumsprivileg dieses unmenschlichen Systems führt zu ständig größer werdender sozialer Spaltung, zwingt die Menschen in einen mörderischen Wettbewerb, in Arbeitslosigkeit, wurzellosen Individualismus und sich ausbreitende Epidemien von Suchtkrankheiten und psychischen Erkrankungen. Eine grundlegende Richtungsänderung ist daher nicht nur die Voraussetzung für die Abwendung weiteren Schadens, sondern auch eine gewaltige Chance für eine tiefe und umfassende Heilung.

Wenn wir unsere Abhängigkeit von der zentralisierten, konzernbestimmten Wirtschaft abbauen, fangen wir unvermeidlich wieder an, Netze lokaler Wechselbeziehungen nach menschlichem Maß zu knüpfen. Wir beginnen damit, lokale ökonomische Strukturen aufzubauen, die uns wieder miteinander und mit der Erde in Verbindung bringen, und schaffen die strukturelle Grundlage für eine Gemeinschaftsbildung und für unser eigenes psychologisches und spirituelles Wohlergehen. Die Regionalisierung der Wirtschaft bringt uns weg von der Homogenität, unterstützt die Diversität der Ökosysteme, Kulturen und Individuen, die den Reichtum des Lebens auf der Erde ausmacht, und verlangsamt uns bis zu einem Tempo, bei dem wir angemessener die Einzigartigkeit jedes Wesens wertschätzen können.

In den Graswurzelbewegungen überall auf der Welt geht die Saat einer weltweiten Regionalisierungsbewegung bereits auf. Die Menschen reagieren mit ihrem gesunden Menschenverstand auf die verschiedenen Formen des Zerfalls und schließen sich zusammen, um lokale Beziehungen, Ökonomien und Kulturen auf eine Vielzahl von kreativen Weisen wiederherzustellen. Von Gemeinschaftsgärten über Bauernmärkte, alternative Lernräume, regionale Wirtschaftszusammenschlüsse bis hin zu Kooperativen beweisen zahllose Initiativen die tiefe Gesundung, die aus der Abwendung von der Konsumkultur und Wiederverknüpfung auf lokaler Ebene resultiert. Ich habe gesehen, wie Gefangene sich verändert haben, straffällig gewordenen Jugendlichen wieder ein Sinn und eine Aufgabe gegeben war, Depressionen verheilt sind und soziale, ethnische und intergenerationelle Gräben überbrückt wurden.

Die Verkürzung des Weges zwischen der Produktion und dem Konsum unserer Grundbedarfsgüter ist der effektivste Weg, um die CO_2-Emissionen unmittelbar zu senken. Dies führt auch zu einer anderen fundamentalen Veränderung: Lokale Märkte erfordern Vielfalt (anstatt riesiger Mengen standardisierter Waren), die Produktionsseite wird dazu ermutigt, von maschinenbestimmten Monokulturen zu einer diversifizierten Produktion überzugehen und mehr Jobs zu schaffen. Es hat mir große Freude und Hoffnung gegeben, als ich eine Art »Agrarwildnis« – die rapide Wiederherstellung sowohl von Landwirtschaft als auch von wilder Biodiversität auf einem vorher zerstörten Stück Land – und die gleichzeitige Schaffung sinnstiftender, gemeinschaftsbasierter Arbeitsplätze auf diesem Land gesehen habe.

Angesichts der gewaltigen systemischen Unterstützung für die Großen und global Aufgestellten, angefangen von üppigen staatlichen Subventionen über Steuererleichterungen bis zu Medien in Konzernbesitz und starker Einseitigkeit bei der Forschungsfinanzierung, ist das kontinuierliche Gedeihen dieser alternativen Ansätze ein Zeugnis für die Kraft von Gemeinschaftlichkeit – für die Motivation, das Durchhaltevermögen und die Intensität, die sich zeigen, wenn Menschen zusammenkommen, um einen positiven Wandel in Gang zu setzen. Sie stehen für eine grundlegende Abkehr von den kolonialistischen Träumen des industriellen Kapitalismus und entwickeln eine ganz andere Vision von der Zukunft – eine, in der die Menschen zurück zur Gemeinschaft und zur Natur finden.

Weltweit beginnen mehr und mehr Menschen aufzuwachen; sie sehen die Risse in der Fassade des Konsumkapitalismus und die Versäumnisse in unseren sogenannten »Demokratien«. Was wir jetzt brauchen, ist eine aussagekräftige Erklärung für das, was schiefgelaufen ist – eine strukturelle Analyse – und eine Vision für die Zukunft, die Menschen aus allen Lebensbereichen motivieren kann, um den Status quo zu ändern. Die Ausformulierung dieser Vision darf sich daher nicht auf den ökologischen Schauplatz beschränken – sie kann und muss starke Argumente für die wirtschaftlichen und psychologischen Vorzüge einer Transformation der Zivilisation, die wir kennen, liefern und damit eine größere Zahl von Menschen überzeugen.

Wir stehen vor einem Kollaps auf vielen Ebenen, aber die gute Nachricht ist, dass die auf uns zukommenden Krisen miteinander im Zusammenhang stehen – sie haben eine gemeinsame Ursache und es gibt eine systemische Strategie für einen gemeinsamen Lösungsansatz. Dieses Buch ist ein Beispiel für die Art von »Aktivismus für das große Ganze«, wie wir ihn brauchen, um die Menschen dazu zu bewegen, das größere Bild in den Blick zu nehmen, ihre Gemeinsamkeiten mit unerwarteten Verbündeten zu entdecken und sich mit vereinter Stimme für einen grundlegenden Richtungswechsel einzusetzen. Wir haben die Chance, eine Volksbewegung in Gang zu bringen; eine Koalition, wie sie nie zuvor bestand. Ich stimme Rupert und Samuel zu: Das Ende der Zivilisation, wie wir sie kennen, gibt uns eine Chance, gleichermaßen die Voraussetzungen für das Wohl der Menschen und der Natur zu schaffen.

Anmerkungen

1 Friedrich Nietzsche, *Jenseits von Gut und Böse*, Aph. 146 (Philosophische Werke in sechs Bänden, Band 1 [PhB 651], Hamburg 2013, S. 87). (Anmerkung des Übersetzers [A. d. Ü.])

2 Rupert Read, This Civilisation is Finished, in: *Green Talk* (8. Juni 2017). Verfügbar unter: http://greentalk.org.uk/wp/this-civilisation-is-finished/ (zuletzt abgerufen am 28. 01. 2020).

3 Vgl. Rupert Read, Climate change: Once we no longer deny it, then we might just have the will to try drastically to change course, in: *TLE* (14. März 2018). Verfügbar unter: https://thelondoneconomic.com/opinion/climate-change-once-we-no-longer-deny-it-then-we-just-might-have-the-will-to-try-drastically-to-change-course/14/03/ (zuletzt abgerufen am 28. 01. 2020).

4 Diesen Gedanken hat Roy Scranton in seinem wichtigen Buch *Learning to die in the Anthropocene. Reflections on the end of a civilization*, San Francisco, CA, 2015 zum Teil bereits ausgeführt.

5 Wie würden (2) und (3) im Detail aussehen? Im weiteren Verlauf dieses Gesprächs werde ich einige Beispiele anführen, aber ich möchte an dieser Stelle schon die Schlüsselrolle erwähnen, die in diesem Zusammenhang der fiktionalen Literatur zukommt. *Das fünfte Geheimnis* von Starhawk (New York 1993; dt. unter dem Titel *Das fünfte Geheimnis*, Buxtehude 1996) und *Entropia* von Samuel Alexander (*Entropia. Life beyond industrial civilisation*, Melbourne 2013) sind sehr gute Versuche zu (2). Ursula K. Le Guins anarchistische Utopie *The Dispossessed* (New York 1974; dt. unter dem Titel *Freie Geister*, Frankfurt/M. 2017) ist vermutlich die beste realistische Darstellung von (3), die es gibt (auch wenn es keine bestimmte Haltung zur Klima- und Umweltfrage einnimmt). Es gibt für Schriftsteller noch eine Menge zu tun. Vgl. auch: Rupert Read, Thrutopia: Why neither dystopias nor utopias are enough to get us through the climate crisis,

115

and how a »thrutopia« could be, *Huffpost* (6. November 2017). Verfügbar unter: https://huffingtonpost.co.uk/rupert-read/thru-topia-why-neither-dys_b_18372090.html (zuletzt abgerufen am 28. 01. 2020).

6 Vgl. z. B. Jim Bendell, Deep adaptation: A map for navigation climate tragedy, *IFLAS Occasional Paper* 2 (27. Juli 2018). Verfügbar unter: https://www.lifeworth.com/deepadaptation.pdf (zuletzt abgerufen am 28. 01. 2020). Vgl. außerdem einige Arbeiten von John Forster, Jonathan Gosling und der »Dark-Mountain«-Bewegung. Nicht dazu zählen würde ich das inzwischen wohlbekannte Werk von David Wallace-Wells (*The Uninhabitable Earth. Life after Warming*, New York 2019; dt. unter dem Titel *Die unbewohnbare Erde. Leben nach der Erderwärmung*, München 2019) – auch wenn es sehr hilfreich ist –, denn es setzt sich nicht angemessen mit dem dreifachen Dilemma auseinander, das ich angesprochen habe. Wallace-Wells ist nicht bereit, sich mit Möglichkeit (2) zu beschäftigen, und berücksichtigt Möglichkeit (3) nicht hinreichend. Stattdessen ist er letztlich seltsam optimistisch hinsichtlich der Aussicht, eine stark reformierte Version unserer gegenwärtigen Zivilisation in der Spur zu halten. Er scheint aus psychologischen Gründen dazu gezwungen zu sein, dies als die einzige Alternative zu dem anderen Szenario anzusehen, das er sich vorstellen kann: der unbewohnbaren Erde (bei mir Möglichkeit (1)).

7 Wenn auch nicht gar keine: Wenn wir aussterben, wäre es zum Beispiel unendlich viel schlechter, wenn wir Bonobos, Elefanten, Wölfe und Wale mit ihrem ausgeprägten Sozialverhalten mit ins Verderben zögen, als wenn wir das nicht täten.

8 Es ist so gut wie vorstellbar, dass diese Zivilisation durch die Errichtung eines extrem rigiden Öko-Faschismus überleben könnte. Vgl. zur Diskussion Rupert Read, Post-civilisation, *IFLAS Occasional Paper* 3, 2018. Verfügbar unter: https://iflas.blogspot.com/2018/12/post-civilisation-iflas-occasional.html (zuletzt abgerufen am 29. 01. 2020). Scheinbar widerspricht das meiner Behauptung, dass diese Zivilisation am Ende ist. Aber ich bin nicht davon überzeugt, dass dieser Widerspruch wirklich besteht; denn eine solche Lebensweise, die buchstäb-

lich eine Art Faschismus erfordern würde, sollte, so meine ich, eigentlich nicht als zivilisiert angesehen werden.

9 Vgl. Nicholas Taleb/Rupert Read/Raphael Douady/Joseph Norman/Yaneer Bar-Yam, The precautionary principle (with respect to genetic modification of organisms), *NYU School of Engineering Working Paper*. Verfügbar unter: https://arxiv.org/pdf/1410.5787.pdf (zuletzt abgerufen am 29.01.2020). Dieselben Argumente haben wir hinsichtlich des Klimawandels vorgebracht; vgl. Nicholas Taleb/Rupert Read/Joseph Norman/Yaneer Bar-Yam, Climate models and precautionary measures, *Issues in Science and Technology*, Sommer 2015. Verfügbar unter: https://necsi.edu/climate-models-and-precautionary-measures (zuletzt abgerufen am 29.01.2020).

10 Vgl. z.B. David Spratt/Ian Dunlop, *What lies beneath: The understatement of existential climate risk*, Melbourne 2018. Verfügbar unter: https://www.breakthroughonline.org.au/whatliesbeneath (zuletzt abgerufen am 29.01.2020). Natürlich bedeutet das nicht, dass das Vorsorgeprinzip jetzt irrelevant für das Klima wäre. Vgl. z.B. Rupert Read, APPG Briefings and the Precautionary Principle, 2018. Verfügbar unter: https://agroecology-appg.org/ourwork/appg-briefings-on-the-precautionary-principle-climate-change-and-animal-welfare/, zuletzt abgerufen am 29.01.2020. Sowie: Taleb/Read/Norman/Bar-Yam, Climate models and precautionary measures (siehe vorherg. Anm.).

11 Douglas Fischer, Climate risks as conclusive as link between smoking and lung cancer, *Scientific American*, 2014. Verfügbar unter: https://scientificamerican.com/article/Climate-risks-as-conclusive-as-link-between-smoking-and-lung-cancer/ (zuletzt abgerufen am 29.01.2020).

12 Wir müssen uns vor Augen führen, dass jede Ungewissheit ein zweischneidiges Schwert ist – die Sache kann besser oder schlechter ausgehen als erwartet. Es wäre völlig unverantwortlich, zu behaupten, dass die gegenwärtige Klimaforschung »alarmistisch« sei, wie es die »Klimaskeptiker« tun. Man sollte die besorgniserregende Tatsache zur Kenntnis nehmen, dass sich das Klima in den letzten zwei Jahrzehnten (und

besonders in den letzten Jahren) erheblich stärker verändert hat, als von der Klimawissenschaft im Mittel vorausgesagt, und in einigen Fällen sogar stärker als in Worst-case-Szenarien angenommen.

13 Vgl. Dana Nuccitelli, The climate change uncertainty monster – more uncertainty means more urgency to tackle global warming, in: *The Guardian*, 4. April 2014. Verfügbar unter: https://www.theguardian.com/environment/climate-consensus-97-per-cent/2014/apr/04/climate-change-uncertainty-stronger-tackling-case?CMP=Share_iOSApp_Other (zuletzt abgerufen am 29.01.2020).

14 Spratt/Dunlop, *What lies beneath* (wie Anm. 10).

15 Vgl. zur Bedeutung von »Katastrophe« in diesem Zusammenhang John Foster (Hg.), *Facing up to climate reality: Honesty, disaster, and hope*, London 2019. Im Mittelpunkt dieses Buches, das vom Green-House-Kollektiv verfasst wurde, steht die Unterscheidung zwischen einem Desaster (unabwendbar) und einer durch einen Kollaps ausgelösten Katastrophe (immer noch vermeidbar).

16 Vgl. Rupert Read/Nicholas Taleb, Religion, Heuristics, and Intergenerational Risk Management, in: *Econ Journal Watch* 11 (2014) 2, 219–226. Verfügbar unter: https://econjwatch.org/articles/religion-heuristics-and-intergenerational-risk-management (zuletzt abgerufen am 29.01.2020).

17 Das ist genau das, was einige tun. Vgl. z.B. Mark Lynas, *The God Species: How the Planet Can Survive in the Age of Humans*, London 2011.

18 Ein kritischer Leser mag fragen: Aber lassen Sie Ihren Worten selbst ein entsprechendes Verhalten folgen? Ist dieses Gespräch nicht voller Voraussagen, die weit über die Beweislage hinausgehen? Die Antwort ist: Nein, ist es nicht. Ich stelle eine weitreichende, halb-stichhaltige Behauptung auf: dass diese Zivilisation am Ende ist. Denn der einzige Weg, auf dem sie überleben zu können scheint, ist die Verwandlung in etwas sehr anderes. Jenseits davon biete ich vor allem Warnungen, Szenarien, Ideen, die auf eine Vorsorge-Ethik und -Politik hinauslaufen, die uns im Falle eines Kollapses schützen würden

und uns eine Chance zu einer Transformation geben. Ich betreibe hier keine Zukunftsforschung.

19 Einige Leser mag es nervös machen, wie ich hier das Wort »Natur« verwende. Um diese Sorgen zu zerstreuen, verweise ich auf: Rupert Read, Nature in the »anthropocene« age? Mediating between Monbiot and Pool, *Talking Philosophy* (23. Juli 2013). Verfügbar unter: https://blog.talkingphilosophy.com/?p=7380 (zuletzt abgerufen am 29.01.2020).

20 Die Frage, welche Technologien genau den bevorstehenden Bruch überleben sollten, liegt jenseits der Aufgabenstellung dieses Buches. Die Frage ist teilweise selbst eine technische; zum Teil sollte dieser Punkt aber auch, wie ich meine, Gegenstand demokratischer Willensbildung sein und kann durch philosophische Betrachtungen nicht *bestimmt* werden (auch wenn diese zur Orientierung darüber beitragen können). Vgl. dazu meinen gemeinsam mit Helena Paul verfassten Essay »Geoengineering as a Response to the Climate Crisis: Right Road or Disastrous Diversion?«, in: Foster (Hg.), *Facing up to climate reality* (wie Anm. 15). Zum Teil wird diese Frage wohl oder übel durch Ereignisse in der Zukunft und in Abhängigkeit von dem eingeschlagenen Weg entschieden werden. Kurz, es ist hoffentlich klar, dass man, wie Heidegger uns zu verstehen geholfen hat, unbedingt zwischen Technologien, die nicht gegen die natürlichen Strukturen gerichtet sind, und solchen, die die Natur zu beherrschen suchen, unterscheiden muss: Man führe sich etwa den Unterschied zwischen einer Wassermühle und einem Damm vor Augen, der einen See aufstaut.

Eine faszinierende und wichtige, besondere Version dieser Frage ist, ob das Internet überleben sollte. Ich erhoffe mir eine Zukunft, in welcher uns Informationstechnologie und Fernkommunikation erhalten bleiben, um uns hinsichtlich globaler Umweltbedrohungen untereinander abzustimmen und uns kosmopolitisch vor der Gefahr zu schützen, dass eine neuerdings regionalisierte Welt in einen fremdenfeindlichen Provinzialismus abdriftet. Aber wir müssen ebenso offen nicht nur die massiven ökologischen und klimatischen Schäden einräumen, die durch das Internet und die Informationstechnologie im Allgemeinen verursacht werden, sondern auch den gravierenden kulturellen Schaden, der durch Homogenisierung, durch die katastrophale Weise, in der die Menschen von der Natur (von der Realität!) entfremdet werden, durch ihr tatsächliches Potential für demokratiefeindliche Bestrebungen (sei es durch Facebook oder die Art von Abschaltmaßnahmen, wie sie die chinesische Regierung vornimmt) und anderes entsteht. Irgendwann sollte es einmal eine ernsthafte Debatte über die zukünftige Existenz des Internets geben.

Eines ist sicher: Die Einschätzung der Brauchbarkeit von Technologien für die Menschheit sollte wirklich vom Gedanken der Nachhaltigkeit getragen werden. Atomenergie würde von einer wirklich nachhaltigen Gesellschaft nicht einmal in Betracht gezogen werden. (Siehe zu diesem Punkt den wichtigen Film *Into Eternity*, der sich mit den unlösbaren Zwängen befasst, die sich beim Umgang mit Atommüll über sehr lange Zeiträume ergeben.) Der einzige Grund, aus dem sich einige wenige Grüne damit beschäftigen, ist die Verzweiflung angesichts unserer kurzfristigen Notlage. Dies zeigt die schwierige Ironie der Lage, in der wir uns befinden: Während wir verzweifelt eine nachhaltige Kultur (*culture of long-termism*) aufbauen müssen, sind wir in einer Situation, die sofortiges Handeln erfordert, in der uns also alles zu einem Handeln auf kurze Sicht (*short-termism*) treibt – darin liegt das Paradox.

21 Vgl. für diejenigen, die noch nicht überzeugt sind: David Ehrenfeld, *The arrogance of humanism*, Oxford 1978.

22 Kevin Anderson, Duality in climate science, in: *Nature Geoscience* 8 (2015), 898–900.

23 E. O. Wilson entwickelt eine Vorstellung davon, wie das für den halben Planeten umgesetzt werden könnte, in seinem Buch *Half-Earth: Our Planet's Fight for Life*, New York/London 2017 (dt. unter dem Titel *Die Hälfte der Erde. Ein Planet kämpft ums Überleben*, München 2016). Wenn wir uns nicht darauf verständigt hätten, dass unser Buch nicht zu umfangreich werden soll, hätten wir uns mehr Raum für die Diskussion der Biodiversitätskrise gegeben, deren Folgen nicht nur, was auf der Hand liegt, die Lebewesen betreffen, die wir vernichten, sondern

unter Umständen auch uns selbst, wofür das Verschwinden der Bestäuber das Paradebeispiel ist. Dadurch dass der Fokus hauptsächlich auf den Risiken der Klimakrise liegt, marginalisieren wir die Krise der Biodiversität (und andere wirklich akute Krisen, wie die der Verarmung der Böden). Dies bringt das Risiko einer zu wenig ökozentrischen Perspektive mit sich. Eine Entschuldigung für diese Ausrichtung mag sein, dass es der beste Weg ist, um die Aufmerksamkeit der Menschen zu erlangen. Aber das sagt etwas nicht sehr Schmeichelhaftes über die Menschheit aus.

24 Vgl. Taleb/Read/Douady/Norman/Bar-Yam, The precautionary principle (wie Anm. 9).

25 Robinson Meyer, What happens if we start geo-engineering – and then suddenly stop?, *The Atlantic*, 25. Januar 2018. Verfügbar unter: https://theatlantic.com/science/archive/2018/01/what-happens-if-we-start-geo-engineering-and-then-suddenly-stop/551354/ (zuletzt abgerufen am 29. 01. 2020).

26 Der Vorsorgeansatz steht unter ständigem Beschuss seitens derer, die von einem Wegfall vorsorgebedingter Beschränkungen in ihrem Handeln profitieren wollen. Diese Angriffskampagne ist ein bisschen paradox, wenn man bedenkt, dass die bahnbrechende und das Thema erschöpfende Arbeit des Forschungsprogramms *Late lessons from Early Warnings* (Europäische Umweltagentur, 2013) gezeigt hat, dass das Vorsorgeprinzip in Wirklichkeit nur ziemlich selten angewandt wird. Meistens kommt es zu spät zum Einsatz, wenn überhaupt (und falls es angewandt wird, dann halbherzig). Darüber hinaus ist es natürlich ein Fehlschluss, aus der Tatsache, dass wir bisher überlebt haben, zu schließen, dass wir wohl vorsichtig genug gewesen sind. Tatsächlich sind wir ein paar Mal ziemlich knapp davongekommen (und wahrscheinlich gibt es noch ein paar Fälle mehr, von denen wir keine Kenntnis haben). Paul Crutzen hat zum Beispiel in seiner Nobelpreisrede dargelegt, dass es purer Zufall war, dass in Kühlschränken Stoffe auf der Basis von Chlor zum Einsatz kamen und nicht von Brom. *Wenn man Brom verwendet hätte, wäre der Ozonschild der Erde wahrscheinlich fast vollständig zerstört worden und hätte der*

Zivilisation, wie wir sie kennen, ein Ende gesetzt, bevor Wissen-schaftler überhaupt begriffen hätten, was vor sich geht. Dies ist ein ernüchterndes Beispiel für unser Versagen bezüglich eines vorsichtigen und nicht-zerstörerischen Vorgehens – nur weil wir bisher Glück hatten.

Was hätte Handeln nach dem Vorsorgeprinzip bedeutet, sagen wir, bezogen auf neue Chemikalien in Kühlschränken und deren Emission in die Atmosphäre? Es hätte bedeutet, langsam dabei zu verfahren, sie zunächst experimentell einzusetzen (und zwar zunächst unter kontrolliert-sterilen Bedingungen), *bevor* man sie in großen Mengen herstellt. Eine solche Veränderung wäre, offen gesagt, enorm: Sie hätte beträchtliche Auswirkungen auf den »Takt des Lebens« und die Geschwindigkeit, mit der die Wirtschaft sich verändert und wächst. Aber der »Kostenaufwand« für diesen Ansatz kann nicht gegen die unendlich höheren Kosten aufgewogen werden, die für die menschliche Rasse anfallen werden, wenn sie ihre eigenen Lebensbedingungen zerstört – wie es gegenwärtig geschieht.

27 Wobei die Veränderung, zu der es 2018 kam, Vorbote eines Prozesses fortgesetzter Verbesserungen in dieser Hinsicht bei der BBC war. Vgl. z. B. Terry Payne, »One of the most pressing issues of our time«: BBC prioritises environment with new natural history programming, *Radio Times*, 6. März 2019. Verfügbar unter: https://www.radiotimes.com/news/tv/2019-03-06/bbc-natural-history-environment/ (zuletzt aufgerufen am 30. 01. 2020).

28 Es wäre unklug, daraus zu folgern, dass alles, was das BIP nicht miteinbezieht, monetarisiert werden sollte, denn damit würde man den Fehler begehen, anzunehmen, dass kein Schaden entsteht, wenn alles und jedes der Wirtschaft »eingegliedert« wird. Aber es entsteht dabei großer Schaden, nicht zuletzt aufgrund des Potentials für eine weitere Selbstüberhöhung der Ökonomen. Deshalb habe ich mich den Diskursen über »Ökosystemdienstleistungen« und »Naturkapital« verweigert. Vgl. Rupert Read and Molly Scott Cato, A price for everything? The »natural capital controversy«, *Journal of Human Rights and the Environment*, Sept. 2014: 153–167.

29 Das ist der Hauptgrund, weshalb Jeremy Rifkins jüngste Vorschläge für eine neue, wundervolle Technik-Utopie – die viele seiner Anhänger in unserer Gesellschaft, die sich immer noch nach einer technischen Lösung sehnt, angesprochen haben – eine gefährliche Fantasie sind.

30 See Rupert Read, Precaution vs Promethean: The philosophical dividing line that will define 21st century politics, 2016. Verfügbar unter: https://rupertread.net/precautionary-principle/precaution-vs-promethean-philosophical-dividing-line-will-define-21st (zuletzt abgerufen am 30. 01. 2020).

31 Maßeinheit für den ökologischen Fußabdruck (*ecological footprint*) ist der »Globale Hektar« pro Person und Jahr, wobei dieser idealisiert einem Hektar Fläche mit weltweit durchschnittlicher biologischer Produktivität entspricht. Der ökologische Fußabdruck ist ein Nachhaltigkeitsindikator, der den Lebensstil bzw. Lebensstandard einer Person ins Verhältnis zur dafür nötigen Biokapazität setzt. Ist die Inanspruchnahme biologisch produktiver Flächen etwa durch ein Land, wenn man die Bevölkerungszahl proportional global hochrechnet, größer als die weltweite Biokapazität, benötigte man rechnerisch mehr als »einen Planeten«, um einen solchen Lebensstil aufrechtzuerhalten. (A. d. Ü.)

32 Vgl. Giorgos Kallis, Radical dematerialization and degrowth, *Philosophical Transactions of the Royal Society A* 375, Issue 2095: 1–13 (https://doi.org/10.1098/rsta.2016.0383).

33 Vgl. Peter A. Victor, *Managing without growth: Slower by design not disaster*, Cheltenham [2]2019; Tim Jackson, *Prosperity without growth: Economics for a finite planet*, London 2009. Jackson und Victor zeigen, dass die Vorstellung von einem »grünen Wachstum« nicht damit vereinbar ist, die Grenzen des Planeten einzuhalten.

34 Weshalb die ängstlichen Anführungszeichen? Ich fühle mich mit dem Begriff »Degrowth« nicht ganz wohl, teilweise, weil er ein Bild von der Zukunft heraufbeschwört, das sich qualitativ gar nicht so sehr von der Gegenwart unterscheidet, sondern nur quantitativ. Das kann aber nicht stimmen. In einer wirklich transformierten Gesellschaft wird es ganz andere

Lebensweisen als unsere geben. Sie wird nicht bloß eine geschrumpfte Version der unseren sein. Der Sozialismus ging schief, weil er bruchlos weiter auf Akkumulation und »Produzismus« gesetzt hat.

35 Das ist ein hässliches Wort, aber ich entschuldige mich dafür nicht – *growthism* ist eine hässliche Angelegenheit.

36 *Selbstverständlich* bin ich mit seinen Methoden nicht einverstanden; ich war immer ein Anhänger strikter Gewaltlosigkeit, zuletzt bei *Extinction Rebellion*.

37 Ted Kaczynski, Die industrielle Gesellschaft und ihre Zukunft, in: Lutz Dammbeck, *Das Netz – die Konstruktion des Unabombers*, Hamburg 2004, 77–184. (A. d. Ü.)

38 Um zu verstehen, warum, muss man sich vor Augen führen, dass die ambitioniertesten Vorschläge des *Centre for Alternative Technology* das Erreichen der CO_2-Neutralität Großbritanniens und den vollständigen Umstieg auf erneuerbare Energien erst für 2030 vorsehen. Diese Zielsetzung treibt einem die Tränen in die Augen, und die Zeit selbst bis dahin wird knapp. Wollten wir den Ausstieg aus der Kohle bis 2025 erreichen, müssten wir große Teile der die Umwelt schädigenden Wirtschaft komplett stilllegen.

39 Die Vereinten Nationen haben das schließlich implizit anerkannt, vgl. ihren jüngsten Bericht über die Erwärmungsspirale in der Arktis: https://www.theguardian.com/environment/2019/mar/13/arctic-temperature-rises-must-be-urgently-tackled-warns-un (zuletzt abgerufen am 30.01.2020). Die tödlichen Rückkopplungseffekte, die die Arktis anheizen, machen deutlich, dass der alarmierende 1,5-Grad-Bericht vom Herbst 2018 immer noch zu *optimistisch* war; denn dieser Bericht hat im Grunde solche Rückkopplungen noch ignoriert.

40 Vgl. Rupert Read, Religion after the death of God? The rise of pantheism and the return to the source, *Medium* (19. Januar 2018). Verfügbar unter: https://medium.com/@GreenRupert Read/religion-after-the-death-of-god-the-rise-of-pantheism-and-the-return-to-the-source-54453788bbaa (zuletzt abgerufen am 30.01.2020).

41 Vgl. z. B. John Studley, *Indigenous sacred natural sites and spiri-*

tual governance: The legal case for juristic personhood, London 2018.

42 Außerdem muss spirituelle Praxis nicht notwendig nicht-säkular sein. Vgl. zu dieser Frage die Argumentation von Stephen Batchelor, *Buddhism without beliefs: A contemporary guide to awakening*, New York 1998. Siehe auch die Praxis der meisten heutigen Quäker.

43 William James, *The Will to Believe* (1896); dt. Übersetzung: ders., Der Wille zum Glauben. in: *Philosophie des Pragmatismus. Ausgewählte Texte*, Stuttgart 2002. (A. d. Ü.)

44 Was sich selbstverständlich von der Einstellung, die ich eben als stillschweigende Selbstanbetung kritisiert habe, stark unterscheidet. Wir brauchen das Selbstvertrauen, dass wir aus unseren (fatalen) Fehlern lernen können, wie viele indigene Völker es getan haben, und dass wir einen Wandel herbeiführen können. Wobei die Selbstanbetung törichterweise dazu neigt, in eine Selbstverherrlichung umzuschlagen, *was immer wir tun* – manchmal, indem wir sagen, dass (alles) was wir tun in unserer Natur liegt (als wenn das irgendetwas darüber aussagen würde, was wir tun oder sein sollten), und manchmal über die Behauptung, wir hätten irgendwie die Natur »transzendiert« – wobei zunehmend offensichtlich wird, dass das nicht der Fall ist.

45 Was nicht dasselbe ist wie die Aussage, dass man *Romantik* vermeiden sollte. Ich glaube das nämlich nicht. Ein sicheres Zeichen für das Absinken unserer Kultur in eine Management-Technokratie ist die hegemoniale Annahme, dass die Romantik *prima facie* ein Irrtum sei; meiner Meinung nach (ich folge hier der Analyse von Iain McGilchrist, *The master and his emissary: The devided brain and the making of the western world*, New Haven, CT 2009) ist die Romantik im besten Sinne (wie man sie zum Beispiel bei Wordsworth oder in Coleridges *Balladen* findet) tatsächlich ein lebendiger Bestandteil dessen, was in unserer Kultur erhalten bleiben sollte, und kann uns dabei helfen, den Industrialismus zu überwinden.

46 Marshall Sahlins, *Stone Age Economics*, London/New York 2017. (A. d. Ü.)

47 Alberto Acosta, *Buen vivir. Vom Recht auf ein gutes Leben*, München 2015. (A. d. Ü.)

48 Helena Norberg-Hodge, *Ancient futures: Lessons from Ladakh for a Globalizing World*, San Francisco, CA 2009 (EA 1991); dt. Ausgabe: *Faszination Ladakh*, Freiburg/Brsg. 2004 [EÜ u. d. T. *Leben in Ladakh*, 1993]). (A. d. Ü.)

49 *Green House* ist ein 2011 von Rupert Read mitbegründeter britischer Think Tank; Näheres unter https://www.greenhousethinktank.org/. (A. d. Ü.)

50 Man sollte bemerken, dass die gegenwärtige Krise bei psychischen Erkrankungen, die schlimm genug ist, von künftigen Krisen in den Schatten gestellt werden wird: Wenn der größte Teil der Menschheit vor einem zivilisatorischen Niedergang aufgrund ökologischer Verwüstung steht, werden sich, wie ich am Ende des Buches andeute, Angst, Depressionen und Verzweiflung in nie zuvor gesehenem Umfang epidemisch ausbreiten. Aber noch können diese kommenden Pandemien auch zu unserer Auferstehung führen, wenn wir sie wahrnehmen, uns mit ihnen auseinandersetzen und unsere gemeinsame Zukunft verändern, um menschliches und nicht-menschliches Leben wieder ungefährdet zu machen. Mit anderen Worten: Die zunehmende Ausbreitung psychischer Erkrankungen hat, im rechten Licht besehen, potentiell auch etwas Gutes. Sie bekundet eine wachsende innere Zerrissenheit, die dazu führen könnte, die Lösung in der Wahl von Lebendigkeit und Verbundenheit zu sehen und nicht in der materiell orientierten Kultur des Todes.

51 Das gestattet natürlich keine *Sehnsucht* nach der Apokalypse. Die Risiken und Schattenseiten wären dafür viel zu extrem. Stattdessen müssen wir auf einem schmalen Grat die Hoffnung auf eine Transformation am Leben erhalten. Ich erläutere im Einzelnen, weshalb Katastrophensehnsucht psychologisch gesehen einfacher ist als mutiges Handeln, wenn eine realistische Basis für Hoffnung fehlt, in meinem Buch *A film-philosophy of ecology and enlightenment*, New York 2019, besonders in Kap. 6.

52 Vgl. Anm. 6. (A. d. Ü.)

53 Ivan Illich, *Tools for Conviviality*, New York 1973 (dt. unter dem

Titel *Selbstbegrenzung. Eine politische Kritik der Technik*, Hamburg 1975). (A. d. Ü.)

54 In dieser Hinsicht gibt es einen entscheidenden Unterschied zwischen Wissenschaft und Technologie. Reine Wissenschaft kann weitgehend ihrem eigenen Gang überlassen bleiben und die Wahrheit herausfinden; für Technologie gilt das nicht. Tragischerweise ist heutzutage der reine Antrieb zu wissenschaftlicher Forschung zugunsten der Macht und Kontrolle aufgegeben worden, die die Hochtechnologie verspricht. Dies hilft bei der Erklärung, weshalb wir gegenüber wissenschaftlichen Beweisen so gefährlich immun sein können, wie wir es im Allgemeinen sind; vgl. z. B. die feindseligen Reaktionen auf die Enthüllungen in Rachel Carsons *Silent Spring* (*Der stumme Frühling*, München 1962).

55 Im Original: »to spark *the catching of a fire*« – Anspielung auf den englischen Originaltitel des zweiten Teils von *The Hunger Games*. (A. d. Ü.)

56 Rupert Read, Avatar: A transformed cinema; a transformation of self (and a transformation of the world), *Film Thinking Collective*, 2013. Verfügbar unter: http://thinkingfilmcollective. blogspot.com/2013/10/avatar-transformed-cinema.html (zuletzt abgerufen am 30. 01. 2020).

57 Vgl. Haaretz Service/Itamar Zohar, Report: China bans *Avatar* from 1,600 cinemas due to fear of popular revolt, *Haaretz* (20. Januar 2010). Verfügbar unter: https://www.haaretz.com/ 1.5049164 (zuletzt abgerufen am 06. 02. 2020).

58 Ich denke hier, unter anderem, an das Werk von George Lakoff.

59 Milton Friedman, *Capitalism and Freedom: Fortieth Anniversary Edition*, Chicago/London 2002, S. XIV (Preface, 1982). (A. d. Ü.)

60 Rebecca Solnit, *A Paradise Built in Hell: The Extraordinary Communities That Arise in Disaster*, London 2010. (A. d. Ü.)

61 Eine beunruhigende fiktive Darstellung dieser Möglichkeit findet sich in John Lancasters anregender neuer Klima-Dystopie *The Wall* (dt.: *Die Mauer*, Stuttgart 2019).

62 Ich greife hier auf ein Argument von Tim F. Flannery, *The future eaters: An ecological history of the Australasian lands and people*, Chatswood 1994, zurück.

63 Der Prozess sollte damit beginnen, dass man Menschen, die auf dem Land arbeiten wollen, diesen Schritt erleichtert, etwa, indem man die Nahrungsmittelversorgung radikal zugunsten einer Solidarischen Landwirtschaft, Kleinbauernhöfen etc. umstellt und auf gesetzlichem Wege eine große Landreform vornimmt.

64 Vgl. allgemein dazu das Werk von Samuel Alexander (verfügbar unter: http://samuelalexander.info) sowie Rupert Read, Post-growth common sense: Political communications for the future, *Green House*, 2014. Verfügbar unter: https://www.greenhousethinktank.org/uploads/4/8/3/2/48324387/post_growth_commonsense_inside.pdf (zuletzt abgerufen am 30.01.2020).

65 Siehe https://dark-mountain.net/about/. (A. d. Ü.)

66 So Margaret Thatcher in einem Interview für die Zeitschrift *Women's Own* vom 23.09.1987: »There is no such thing as society.« Verfügbar unter: https://www.margaretthatcher.org/document/106689 (zuletzt abgerufen am 02.02.2020). (A. d. Ü.)

67 Vgl. Charles E. Fritz, *Disasters and mental health: Therapeutic principles drawn from Disaster Studies*, Newark, DE 1996.

68 Wie könnte unsere Bevölkerungsanzahl verringert werden, um zu einer Größe zu gelangen, die mit den Kapazitäten der Erde verträglich ist? Dazu wäre ein weiteres Buch erforderlich. Ich hoffe, wir können uns darauf einigen, dass dies mit freiwilliger Nicht-Reproduktion beginnen müsste: Frauen insofern zu bilden, als sie weniger oder gar keine Kinder bekommen und in einen »Gebärstreik« gehen möchten. Und es ist wichtig, die Bevölkerungszahl auch in den *reichen* Ländern zu reduzieren – denn wir sind diejenigen, die deutlich überkonsumieren.

69 Meine Lesarten dieser Filme finden sich in Read, *A film-philosophy* (wie Anm. 51).

70 Für Details vgl. Helena Norberg-Hodge/Rupert Read, *Postgrowth localisation*, Totnes, UK 2016. Verfügbar unter: https://www.greenhousethinktank.org/uploads/4/8/3/2/48324387/post-growth-localisation_pamphlet.pdf (zuletzt abgerufen am 30.01.2020).

71 Ist damit auch die EU selbst gemeint? Auf diese umstrittene Frage will ich mich hier nicht einlassen. Der interessierte Le-

ser mag die Beiträge konsultieren, die ich gemeinsam mit Helena Norberg-Hodge verfasst habe, z.B.: We must localise the EU and curb corporate power – but does that mean in or out?, *The Ecologist*, 31. Mai 2016. Verfügbar unter: https://theecologist.org/2016/may/31/we-must-localise-eu-and-curb-corporate-power-does-mean-or-out (zuletzt abgerufen am 30.01.2020).

72 Wie das funktioniert, beschreibt u.a. Molly Scott Cato, *The bioregional economy: Land, liberty, and the pursuit of happiness*, London 2013.

73 Vgl. Sam Earle, Imaginaries and social change, *Medium* (1. Februar 2017). Verfügbar unter: https://medium.com/@samraearle/imaginaries-and-social-change-2e0c8c093c25 (zuletzt abgerufen am 01.02.2020).

74 Ich spreche von *Halb*versklavung, denn wir stehen zwar unter dem ständigen Beschuss durch die Werbung, insbesondere heute aufgrund der neuen Möglichkeiten in und durch die Sozialen Medien, aber dieser Beschuss ist doch nie ganz erfolgreich. Wir behalten unsere Handlungsfähigkeit. Der Ansatz, den Sam und ich verfolgen, zielt darauf ab, diese Handlungsfähigkeit zu *vergrößern*. Gleichzeitig muss man zugeben, dass die Aussichten nicht gerade prächtig sind; die weltweiten Massen scheinen ziemlich tief in den Konsumismus *verstrickt* zu sein, auch wenn es die Menschen nicht glücklich macht. Selbst heute ist es für die meisten »Commonsense«, dass wir auf immer und ewig mehr Dinge, mehr Flüge etc. brauchen. Das »Recht« zu fliegen wird allgemein als eine Selbstverständlichkeit angenommen und Maßnahmen zur Bewältigung der Umweltkrise müssen sich daran orientieren. Solange sich diese Einstellung nicht ändert, steuert die Menschheit direkt in die Katastrophe.

75 Zur Frage, inwiefern »Marketing« selbst ein tückischer Begriff ist, s. Rupert Read, What is »marketing«?, *Green Words Workshop* (7. Oktober 2009). Verfügbar unter: http://gww.greentalk.org.uk/what-is-marketing/ (zuletzt abgerufen am 05.02.2020).

76 Ausführlicher entwickele ich diese entscheidende Frage Ihrer Handlungsfähigkeit, liebe Leserin und lieber Leser, in einem Vortrag: https://www.youtube.com/watch?v=4NT8EY73LCg (zuletzt abgerufen am 30.01.2020).

77 Das bringt es mit sich, dass wir manchmal nicht so genau wissen, wen unser »Wir« alles in sich schließt und wie weit es reicht. Ich lade Sie dazu ein, sich den gutwilligen Menschen anzuschließen, die gemeinsam den Lauf der Geschichte verändern wollen. Wenn unsere Zahl wächst, werden wir viele sein.

78 William Blake, Book of Urizen; zitiert nach der dt. Übersetzung: *Werke*, hrsg. u. eingel. von Günther Klotz, dt. von Walter Wilhelm, Berlin 1958, S. 173. (A. d. Ü.)

79 Samuel Alexander, *Entropia: Life beyond the industrial civilization*, Melbourne 2013. (A. d. Ü.)

80 Meine Überlegungen sind an dieser Stelle beeinflusst von Bruno Latour, *Down to Earth: Politics in the new climatic regime*, Cambridge 2018.

81 Vgl. Read, Precaution vs. Promethean (wie Anm. 30).

Register

Heiner Hastedt

MACHT DER KORRUPTION

· 2020
· 143 Seiten
· ISBN 978-3-7873-3806-1 Kartoniert
· auch als eBook erhältlich

Obwohl Korruption in der gesellschaftlichen Realität eine bedeutende Rolle spielt, wird sie in der intellektuellen Auseinandersetzung kaum zum Thema gemacht. Dieses Buch will das ändern und nimmt neben Kumpel-Kapitalismus und Kölschem Klüngel vor allem die moralischen Maßstäbe für Korruption unter die Lupe, die vielleicht gar nicht so einfach festzulegen sind.

Gedanklich folgt das Buch einem Dreischritt: Nach einer moralisch begründeten, relativen Ausweitung der Korruptionsmaßstäbe folgen eine Reihe von Einzelstudien, die mit interkulturellen und historischen Belegen zu mildernden Umständen der Anklage führen. Die anschließende Vermittlung zwischen Moralität und Faktizität fragt nach den Voraussetzungen für die Überwindung der Hürden zur Unbestechlichkeit, bis hin zur Utopie einer Welt ohne Korruption.

MEINER.DE